赤星家のゴルフDNA

父・赤星四郎の覚え書きノート

CHOICE 選書

ゴルフダイジェスト社

もくじ

【赤星家の系譜】

実祖父
磯永《いそなが》孫四郎《まごしろう》周徳
薩摩藩が独自に作製していた「薩摩暦」をつかさどる「暦官」を務めた。幕府が海軍士官養成のために作った長崎の「海軍伝習所」には、勝海舟らとともに第二次伝習生として参加している。

赤星兄弟
米国留学の立役者
弥之助の兄・彦輔
長《なが》澤《さわ》鼎《かなえ》

実父
莫大な財産で息子たちを教育
赤星《あかほし》弥《や》之《の》助《すけ》
1853～1904
旧姓・磯永。薩摩の郷士・赤星十兵衛の養子。明治維新後、英国アームストロング社の代理人となり戦艦、大砲などの輸入を手がけ、巨万の富を得た。長男・鉄馬を「日本人にもハイソサエティに属する人間がいることをアピールしてこい」と、米国に送り出した。国宝級の美術品が海外流出するのを防いだ収集家としても著名（写真上）。

シズ（静）
兄弟の母、シズの肖像画「赤星母堂像」（安田靫彦作）は平塚市美術館に所蔵されている。

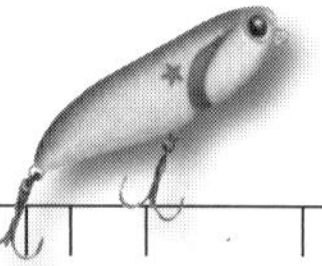

長女・シマ（夭折）
次女・テル
長男・赤星鉄馬
ブラックバスを日本に持ち込んだ人物
長男・猪一
次男・弥次
コースデザイナーとして活躍。
他
三女・トヨ
次男・兵造（夭折）
四女・房子
五女・フミ（夭折）

三男・赤星喜介
アウトドアスポーツの先駆者
1893～1982
米国留学から帰国し、兄・鉄馬の興した朝鮮の牧場を、弟・五郎とともに引き継ぐ。生涯職に就かず、フィッシングなどの趣味に生きた（写真右・喜介、左・六郎）。

四男・赤星四郎
日本アマチャンピオン
アリソンの継承者
＝瑞子
次女・隅田光子

四郎一家。妻・瑞子と娘たち

五男・赤星五郎
サンデーゴルファーにしてトップアマ
1897～1975
兄弟のなかではただ一人米国留学せず、慶應義塾大学を卒業してサラリーマン（千代田火災副社長）となる。ゴルフでは四郎、六郎と日本オープンを競う腕前だった。また、李朝時代の陶磁器の収集家としても知られる。

六男・赤星六郎
第一回日本オープン優勝。
多くのプロを育てた
＝愛子

六女・スエ
七女・ヨシ（夭折）

釣りのダンディズムがこの一冊に。赤星鉄馬著「ブラックバッス」

●長澤鼎

1852〜1934

弥之助の兄で本名は磯永彦輔。慶應元年（1865年）、薩摩藩英国留学生として、後の文部大臣・森有礼ら15名とともに渡英。最年少の13歳だった。当時は鎖国下のため脱藩、変名を名乗った。英国で出会った米・宗教家トーマス・レイク・ハリスに共感し、15歳で渡米。カリフォルニア州のサンタローザでワイナリーの運営に参加。後にバロン・ナガサワと呼ばれる名士となった。この伯父の存在がなければ、赤星兄弟の米国留学は実現しなかっただろう。83年に来日したレーガン元大統領は国会での演説で、米国に貢献した日本人として長澤の名を称えた（前列右・四郎、後列右・長澤）。

●赤星鉄馬

1882〜1951

1913年開場の東京GC（駒沢）創立会員。草創期のゴルフ界への貢献もさることながら、各種スポーツや慈善文化事業に貢献。1925年、長年の生態系の研究の末に米国からブラックバスを移入しスポーツフィッシングの概念を日本に初めて普及させた。また、優秀な乗用馬の提供を目的に、朝鮮で牧場を経営。昭和天皇の愛馬「吹雪」は、その「成歓牧場」から献上された。父・弥之助が、海外への流出を防ぐとの大義の下に集めた、国宝級のコレクションのすべてを売却。その資金の中から100万円を奨学金として支給する学術財団「啓明会」を設立。運営は人任せ、赤星の名を冠することさえ許さなかった。

●赤星四郎

1895〜1971

米・ローレンスビル高校からペンシルベニア大学への留学時代は、身長180センチを利してアメリカンフットボールの選手として活躍。1921年の帰国後に本格的にゴルフに取り組み、5年後の1926年には日本アマを制覇（28年に2勝目）。戦後、六郎が設計した相模CCでクラブ選手権や関東アマをともに戦った近衛通隆氏は言う。「飛ばし屋でありながら小技にも長けた、強いゴルファーでした。酒を飲んで乱れず、気品を失わず……」との品格のままに、設計したコースも格調高い傑作揃いである（函館GC、箱根CC、藤田欽哉とともに霞ヶ関CCの設計にも関わった）。

●赤星六郎

1898〜1944

高校から大学を通して米国に留学。ゴルフはプリンストン大学時代に始め、1924年のパインハーストスプリングトーナメントに優勝。同年に帰国後、四郎とともにJGAの創設に奔走し、実現。1927年開催の第1回日本オープンでは、プロの浅見緑蔵に10打差をつけ、アマチュアとして初の栄冠を勝ち取り初代チャンピオンとなる。プロよりも強かった六郎は、草創期のプロを数多く指導し今日のプロ隆盛の礎を築いた。戦火の迫る1944年に敗血症を患い46歳の若さで他界したが、設計コースは我孫子GC、相模CCと今日もなお日本のベストコースにランクインされる。

コースは消滅したが、現存する藤澤CCのクラブハウス前での集合写真。後列右端に赤星喜介、右から7人目に四郎、左から6人目に六郎、隣のネクタイ姿が五郎。四郎設計のコースでの写真に4兄弟が収まった。

装幀スタジオパトリ

本書は、「父・赤星四郎の覚え書きノート」の作者・隅田光子さんの書下ろしの他、GOLF／目黒書店、GOLFDOM／日本ゴルフドム社に掲載された赤星四郎氏、赤星六郎氏の記事より抜粋、加筆、再構成の上、書籍化したものです。写真提供／隅田光子

カバー写真／左より赤星六郎、クルック・シャンク、ビル・メルホーン、赤星四郎
（提供：隅田光子）

序章

AKAHOSHI　綺羅星のごとし　鈴木康之

赤星ノートに出合った僥倖《ぎょうこう》

赤星四郎・六郎、そのゴルフのDNAは赤星一族の血統にあった。
取材のなかで「父・赤星四郎の覚え書きノート」を見出した
鈴木康之氏とノートの出合いとは

序章

鈴木康之

（すずき・やすゆき）1937年生まれ。赤星兄弟を取材する過程で、四郎次女・光子さんが記した「父・赤星四郎の覚え書きノート」の存在を早くからみとめ、世に出した功労者。「ピーターたちのゴルフマナー」（小社刊、2000年ゴルフダイジェストアワード読者大賞受賞）など著書多数。

さるゴルフ倶楽部で理事2人が入会志望者2人と面接ラウンドを行った。いまどきは優しい理事が多い。まずは朝の硬い体と緊張感をほぐしてあげようとさりげない日常会話を交わしながら練習場に案内し、コインを1篭。ほどよしと見てからスタートした。

ティーショットの狙い目、グリーン周りの拵《こしら》え方など「シロウさんは鷹揚《おうよう》だから……」「この一癖がいかにもシロウさんらしくて……」と理事2人が掛け合いでコースをガイドした。

しかし会話するのは理事2人ばかりで、なぜか入会志望者のほうから言葉が返ってこない。はじめは緊張してのことだろうと待っていたが、やがてそういうことではないとわかって愕然とした。入会志望者2人はコース設計者、赤星四郎の名を知らないのだった。

赤星六郎設計のコースでも似たような話があったと仄聞《そくぶん》する。時代が変わった、では済まされない話ではないだろか。情報社会や文化価値の変遷が徒《いたずら》に加速している。新しいものへの関心が高まる一方で先人を敬い、往年の価値観を尊ぶ通念が希薄になってはいまいか。「先人」を単なる「過去の人」と位置づけてはならない。

赤星一族における隅田光子さんの存在

赤星四郎、六郎の兄弟は、アマチュアながら日本ゴルフ史の揺籃《ようらん》期、米国の留学先からゴルフを持ち帰り、多くのプロゴルファーに正しいスウィングと競技のスピリットを伝授しただけでなく、日本ゴルフ聯盟《れんめい》JGAなどの競技組織や、多くの名コースなどプレー環境を築きあげ、わが国にゴルフの世界を創造した。アマチュアでありながら成したところが粋である。

2人の心・技・体・知の類まれなスケールを表すためにゴルフ・ジャーナリストたちは「巨《おお》きな」「巨人」「巨星」という最大級修辞をもって表したものだった。

2人が生まれ育まれたのは、この世に赤星家が存在したからである。赤星家の系図を仰ぎ見るとそこに連なる人々は綺羅星《きらぼし》のごとし。この一族の在り様にはもっと別次元の修辞を当てなければならないと駆り立てられ、筆者のイメージの翼は南欧の地、スペイン・バルセロナへと飛んだ。構想、着工から世紀を超えてなお未だ完成に至らない尖塔群サグラダ・ファミリア。あれに譬《たと》えてアカホシ・ファミリアと讃えるのが相応しいと思う。

　長生きは幸せである。ゴルフのおかげで多くの金蘭の友に恵まれた。それだけではない。時空を超えてアーカイブに遺されたゴルファーたちの中にも憧憬の対象として仰ぎ見る人を何人も知った。その大いなる存在が赤星四郎、六郎である。そして幸いは四郎の次女、隅田光子さんとの知遇へと繋がった。光子さんが赤星一族の代弁者として書き綴ってきた労作『父・赤星四郎の覚え書きノート』をゴルフを愛する人たちへの贈り物として、令和を生きる父親たちの読み物として世に出したい、そう願う筆者と編集者の思いをご快諾頂くことができた。

　かつては「アカボシ」と読む多くの記事があった。しかし、若き日本人・赤星六郎が1924年に米国パインハーストスプリングトーナメントで優勝したとき、現地の新聞の大見出しはAKAHOSHIのスペルだったたという史実がある。隅田光子さんに最初にお目にかかった時、まずはこのハテナからと質《ただ》してみた。

「本当はアカホシなのでございますけれども、皆さまも私どももアカボシとも言っておりますわね。もうそれでよろしいんじゃございませんでしょうかしら」とおおらかに笑っておっしゃる。本当のほうで話を進めよう。

　隅田光子さんはゴルフをなさらなかったし、四郎、六郎の桁はずれの実績までは詳《つまび》らかではなかった。なぜかというと明治生まれの2人の男は家族団欒の場で仕事の話をしなかったからだという。

四郎、六郎の没後、赤星一族へのゴルフジャーナリズムからの取材は引きも切らず、いちばん長くお父上の近くで過ごされた愛娘であり、叔父六郎には子供がいなかったこともあり、畢竟《ひっきょう》光子さんに集中した。

訊ねられて光子さんが即座に答えられないことは少なくなく、ご存命の叔父や叔母たち、母、姉妹から聞き出してノートに書き綴った。写真、資料、用具の収集・整理にも相当な時間と労力を費やしただろう。

以下については巻頭の赤星家の系譜を参照しながらお目通し願いたい。

海外志向の強い薩摩藩に生まれた「赤星」姓

赤星姓の因って来るところは光子さんの4代上へ、幕末にまで遡らなければならない。薩摩藩11代藩主島津斉彬《しまづなりあきら》公の洋学事業にたずさわって海外世界を意識したのが磯永孫四郎《いそながまごしろう》周徳という人。この人から流れる血筋が歴世《れきせい》の活躍に重要なものとなったからである。

周徳が家族同居のまま養子縁組みをした先が赤星十兵衛家。蒙古襲来の折、衣を血で赤く染めて奮戦した肥後の武将・菊池有隆の姿を時の帝が讃え、「汝の姿、赤星の如し、菊池を赤星と改めよ」としたところから発生した姓だと伝えられている。そして周徳が養子に入ったのは、後に島津藩についた薩摩のほうの赤星家である。

周徳は幕府が開いた海軍伝習所に参加しているが、そこには勝海舟もいたという。

周徳には息子が5人いた。いずれも開国の歴史にからむ仕事をする。なかでも四男・彦輔と五男・弥之助の名前が大きい。

彦輔は13歳で藩の命により15名の若者とともに英国に留学した。鎖国時代ゆえ長澤鼎《かなえ》と変名させられた。後に米国移住、カリフォルニアで葡萄園事業に成功、バロン長澤と呼ばれ親しまれる実業家となった。かのトーマス・エジソンとも交友があったとも伝えられている。後の赤星兄弟の渡米、留学はこの伯父の存在があったからこそ実現した。

バロンの弟・弥之助が四郎、六郎たちの実父である。6歳で赤星家を相続。決して裕福ではなかったが、20代半ばに上京、これを機に奇跡的に盛運した。母方の貴族院議員・樺山愛輔《かばやまあいすけ》（白洲正子の父）や事業家・五代友厚《ごだいともあつ》などとの奇遇を得て実業界入り。英国アームストロング社の大砲を軍艦に搭載する技術の特許を得たことによって明治の大富豪の一人となった。

その巨富、財宝が子供たちの逸材を磨きあげる原資となった。国内に潜む書画骨董を買い集め、茶人として名器を収集し、海外流出を防いだ功績や、散逸から守ったパトロネージュがよく知られている。

その屋敷跡の一部が、現在、東京・六本木・鳥居坂の公益財団法人国際文化会館となっている。男の子たちは樹林の鳥に鉄砲を向けて遊ぶヤンチャだったという。視線を海外文化に向けて栄えた赤星家のファンとしては、この「国際文化」の繋がりはとても欣快《きんかい》に感じられるのである。

明治人の志どおりに羽ばたいた兄弟たち

弥之助は資産を息子たちの米国留学の費用として惜しみなく注いだ。「日本人にもハイソサエティに属する人間がいることをアピールしてこい」と厳しく言い含めて、とりわけ自然の大地へ、スポーツのフィールドへと向かわせた。

息子たちに「金はきれいに使え。一流人と対等に交友せよ。日本人として蔑《さげす》まれるな。思いきって遊べ。日本人ここにありと知らしめてこい。何か一つ向こうの文化やスポーツを身につけてこい」との願いを忠実に果たさせ、わが国スポーツの、いや、創造的なスポーツマンシップを発芽させた。

長男・鉄馬は、中学を卒業して1901年に米国へ旅立った。奇しくも六甲山に4ホールが生まれ、日本の空にゴルフボールが放たれた年である。高校から大学へ、よく学び、よく遊んだ。スポーツ万能。なかでもゲームとしてのブラックバス・フィッシングに夢中になった。しかし、父・弥之助が急逝。1910年に帰国しなければならなくなった。10代で家督となったものの、跡を継いだ事業は肌に合わず、学術、スポーツ、馬の飼育など文化事業に精力を傾けた。箱根・芦ノ湖への貴重魚ブラックバスの放流は当時の日本で際立つ功績だった。マナー知らずの釣り人たちによって害魚呼ばわりされる災難を招くが、鉄馬の志と夢を知るアングラーたちがしっかり継承した。また弥之助が収集した国宝級コレクションを売却、学術財団の設立に寄与したが、その運営に赤星の名を冠することは一切許さなかったという美談を遺した粋人であった。三男・喜介も米国留学後、長兄・鉄馬、五男・五郎とともに牧場経営、ゴルフ、フィッシング、ハンティングの道に生きた。

五男・五郎ただ一人が米国留学をしていないが、サンデーゴルファーとして四郎、六郎と日本オープンを競う名手であった。ついでながら鉄馬、喜介、四郎、五郎、六郎の5人のハンディキャップ合計がいっとき10とちょっとだったという。球打ちの秀才揃いであったとはいえ、そのようなことになるゴルフメソッドを知りたいものである。

弥之助の子は六男七女（時代が時代、夭折《ようせつ》も少なくない）。四郎は長兄・鉄馬とは13歳、六郎は16歳も隔たりがある。往年はこういう兄弟姉妹の家族が珍しくはなかった。とはいえ話を伺っていると彼らは長兄・鉄馬と歳の差以上の関係で紡がれていたように聞こえるところがある。それを申し上げると、隅田光子さんは「そうでございますのよ」とお認めになった。「伯父伯母たちはとても仲がようございましたが、兄は兄、姉は姉、上の者にはきちんと敬語で話しておりました。その敬いようは鉄馬伯父に対してはいっそう強くて、父親のように慕っておりました」

やはりそうであったのだ。鉄馬が家督を継いだのは20歳前である。その決心はもちろんのこと、事後の赤星家の営みには計り知れない重責が伴い、その自覚が弟妹には父たる存在としての精神力となり、弟妹たちからは父として仰ぐ敬慕の情となったのだろう。年齢差を超えて互いへの尊敬と愛を慈しみ合う光景があったのだ。

大学ノート2冊に及んだ覚え書き・聞き書き

こうした一族の日々の暮らしをたぐり、編み寄せるノート作りは、想像しただけでも気の遠くなる大作業のはず。隅田光子さんが真新しいＡ４判大学ノートを買い求めたときは長旅に向かう人のように意を決してのことだったろう。１９９４年であった。

ご自身の覚え書きから始め、母上と姉上に確かめ、その聞き書きを綴り始めた。1冊は1ページ目に『父 赤星四郎の覚え書き』と認めた。もう1冊のほうは系図が縦にも横にもはみ出すものとなった。

このノートによってゴルフジャーナリズムの記者たちは弥之助の子女の数は正しく六男七女であると記し、各々の名前の字画も正確に書けるようになった。

筆者も光子さんにアポイントをとり、幾度も訪ねて取材を重ねるようになった。もちろん取材後は必ず礼状を出した。電話は避けて郵便にした。電話というものはこちらの都合で音を鳴らし、相手の方を電話口まで立たせ、暮らしのリズムを狂わせることもある迷惑な手段。今日ではメールという手軽な媒体になるが、筆者よりご高齢の方はお使いになっておられない方が多かった。光子さんにとっていちばん不都合のない通信手段は郵便。それも気軽に感じられる郵便ハガキが好適のはずである。

光子さんがそのことを教えてくださった。ご返信はすべて郵便ハガキであった。そのおかげで筆者の許に思いがけない宝物が集まったのである。コバルトブルーインクの、縦書きの、見事なペン字の、日本文字はこう綴られるべしと暫し愛でていたくなる文である。

形式的な時候文の修辞は最小限で、むだなく本題のお話となる。お話の運び方が手際よく心地よい。手際よいから短文かというとそうではなく、手にした時から感嘆するほどぎっしりと認められた言葉の密度、文章面だけでは収めきれないので反対側の宛名面の下半分にもお話が続く。二度に一度は大判サイズ二つ折りのハガキをお用いになって、そこにもびっしりとコバルトブルーインクのペン文字が、あたかも季節の柄絵のように描かれている。

ある時、取材の要件はおおむね済んだ頃合いに、光子さんがいつも膝上に置いているる大学ノートを差し出して「これ、よろしかったらお持ち帰りになって」と言われた。貸し出した貴重な写真が行方不明になった話、遺品が勝手に別なところに置かれるようになった話など何件かの貸し出しトラブルを耳にしていたから、筆者は躊躇した。躊躇したものの考え直し、お言葉に甘え、家で目を通させていただくことにして、鞄をしっかと胸に抱いて帰宅した。

女性文字のノートを秘かに覗き読むのは気持ちが昂《たかぶ》るものである。それにも増して、光子さんの記憶の精緻さには感嘆の、四郎の豪放磊落《らいらく》さには痛快の声が出るほどであった。娘たちへの溺愛ぶり、妻・瑞子《たまこ》に甘える姿、老いてゆく父への慈愛など、読み込むほどに心が震えた。

このノートはいつか今日の世の父親たちに読んでもらいたい、そう願いながら、ひとまずは丁重にお返しした。

筆者は四郎さんとは生まれも生涯も、身も心も何もかも天と地の真反対である。しかし、読み終えようとしながら「四郎さん、男はどんなに愛しても、女たちの愛し方にはとてもとても敵わぬものですね」と話しかけたい衝動を隠しきれなかった。

――四郎の少年時代、赤星家にはコックがいた。一日おきに和食・洋食というご馳走の毎日だった。米国留学時は育ち盛り、食べ盛りだ。四郎は寮住まい。食事がまずかったとこぼしていたという。それでも四郎は身の丈180センチ、六郎はさらに高く、長澤伯父や長兄・鉄馬の思惑どおり、薩摩男児は米国人に見下されない偉丈夫に育った。

ハイスクールでは文武両道、スポーツ万能で、日本人ながら米国人学生を差しおいて〝ベストボーイ〟に選出されている。

末っ子・六郎、ロマンスには短すぎた生涯

光子さんのノートには六郎叔父の生涯についての記述が少なくない。戦争中、二宮にあった六郎宅に疎開し、六郎が亡くなった後、愛子叔母からいろいろと話を聞くことができたからだと言うが、それだけではない。3つのわけがあるようだ。兄弟姉妹の父親役の責務を一身に負ってきた長兄・鉄馬とは対比的すぎる自由奔放な末っ子。2つめ、兄弟の中でいちばんの体躯、体力に恵まれながら不運にも敗血症で逝った短

命。3つめ、上流階級の一族にあって差別されかねない女性を妻として貫いた結婚生活……。

——六郎叔父は兄弟でいちばんの巨漢、ゴルフと釣りで色は黒く、日本人離れしていたため、一歩日本を出るとスパイ扱いをされたり、インド人と間違われたことがあったそうだ。

——お座敷に出ていた愛子と一時同棲。が、愛子は光子さんに「私は六郎さんが好きで結婚した。決してお金目的ではなかった」と力説していた。お互い幸せな結婚をしたと思う。あと母から聞いたことだが、叔父は末っ子であり、鹿児島では年長者が威張っていたので、いつも兄たちをたてることに気を遣っていて、可愛がられていたそうだ。だからだろうか、愛子叔母には遠慮なく思ったことを言えたのだろうと思う。

——叔母を一族の中で恥ずかしくない主婦に育てようと叔父は家庭教師をつけて勉強させた。洋裁、料理も専門の先生に習わせた。叔母もよく頑張って努力していた。兄弟や母、兄嫁、小姑達も、決して意地悪や特別視することなく、叔母に不快な思いをさせないよう気を遣っていた。

愛子叔母も自分の立場を心得ていて、決して卑下したり、過度に遠慮したりという様子はなく、明るくユーモアのある人だった。自然体で、叔父に対する態度は、ほかの叔父叔母と違って友だちに話すようにポンポンと言い、結局2人はとても仲のよい夫婦だったようだ。

——みんなの前ではいつもニコニコしていたが、運転手や使用人が不都合なことをすると大声で怒鳴るので怖かったそうだ。「叔父様が怒ると皆飛び上がるのよ」と叔母は呆れていたが、その怒り方は確かに父・四郎以上の迫力があった。

——六郎叔父は読書家だった。白樺派の作家が好きで、私も本を借りて読んだ。叔父は光子からの手紙は面白い、文才があると買いかぶってくれて、武者小路実篤さんを紹介するとか、雑誌「赤い鳥」に投稿しろと何度も言われ、閉口した。自身の力を知っていたので光子さんはこれらの助言には乗らなかったそうである。

——戦争が始まると叔父は食料難を予見して畠を買って叔母や使用人も一緒に麦や野菜類を栽培し始めた。赤星家全部のためを思ってのことだったようだ。ソファーに落ちていた錆びた釣り針が腰に刺さって入った菌が原因で、今なら絶対に助かる敗血症に罹った。高熱が出て、チフスか何かと間違われた。

愛子叔母は献身的に看病したが、帰らぬ人となった。

父・四郎、外ではダンディ、家ではダダッ子

——四郎はコース設計の仕事で地方に出張するとその土地その土地の旬の物を土産に

頂いたり買ったりして帰ってきた。山形ならブドウ、リンゴ、ラフランス、サクランボ。京都なら筍、松茸、鯖寿司、漬物。自身は出張先で存分にお腹に収めてきたから、家族がキャーキャー騒いで食べるのを見ているだけで笑顔をこぼしていた。

――四郎の家には戦中戦後の食糧難時代にも食材が集まっていた。あっちこっちのゴルフ場の関係者が野菜、肉、魚介を用立てて都合つけてくれる。戦後、お正月に使う猪が手に入らないと四郎が話したら、猪一頭が庭先に届けられたこともあった。

こうしたことはすべて四郎の人徳であった。ふだんから目先の損得や仕事上の見返りは考えず、誠意を尽くし、満足以上のサービスをする。そしてされた人たちから四郎さんの家族が困っているかもしれない、という思いがけない喜びが返ってくる。利他の心の交換だ。

――ノートには呆れ気味に「食べることが生き甲斐の人」「とにかく大食い、早食い」とある。床に臥すようになったある朝のこと、妻の作ったスープのお代わりを注文した。それを待っている間に容態が急変した。待てなかったのだ。この旅立ちはあまりにも悲しい。

――四郎はハイカラさんだったが、伴侶には大和撫子を望んだ。富山県知事などを務めた人物の娘で、学校で総代になった才媛・瑞子に赤星家三男・喜介夫妻が折り紙をつけて縁結び。ところが長女出産のあと体力を落とした。心配した六郎たちのすすめで瑞子はレディスゴルファーの仲間入りをした。

朝香宮妃殿下、三井栄子、近衛千代子、鳩山千代子、細川博子、相馬邦子といったハイソサエティの百花繚乱。腕前も上級者揃いで好ゲームがアマチュアゴルフ史に記録されている。

瑞子は最年少だったが華がありお茶目でもあったので可愛がられた。さまざまな趣味、稽古事でも声がかかり、淑女たちとの交友が続いた。交わりを通じての「本当の学び」が多かったからだろう。このハイソサエティとの交友を四郎が良かれかしと頷いていたことは想像に難くない。

――四郎の衣食住のチョイスの良さは度々ノートに記されている。学友たちからは「素敵なおじさま」、近隣の大人たちからは「見事な紳士」とすこぶる評価が高かった。だが、四郎は愛想笑いが不得意で、ややもすると顔つきと仕事ぶりの厳しさ故に怖い人ととられるタイプであった。とくに人前でのスピーチは下手だったと記されている。にもかかわらず誰からも「素敵な」とか「見事な」とかと褒め言葉を集めたのは、誰の目にも身嗜《みだしな》みのチョイスや所作のセンスに「本当」が光って見えたからだろう。

ノートには四郎が馴染みにし、家族をよく連れて行った食の店名がたくさん記されている。四半世紀も経っているのにいまもその名が残る老舗ぞろいである。

評判を耳にしたある店へ家族を連れて行った。が、料理の来るのが些《いささ》か遅かった。

すると四郎は席を立って帰ってしまったそうである。客を待たせる料理は「本当」ではないからだろう。

赤星四郎には祖父からも父からも「本当」の良質を知る日本男子、少なくとも薩摩隼人の血筋が流れていた。

"赤星ノート"の存在を知った鈴木氏はいつか世に出したいとジャーナリスト魂をひそかに抱きつつ、隅田光子さんと交わした取材にまつわる書簡を今も大切に保管してきた

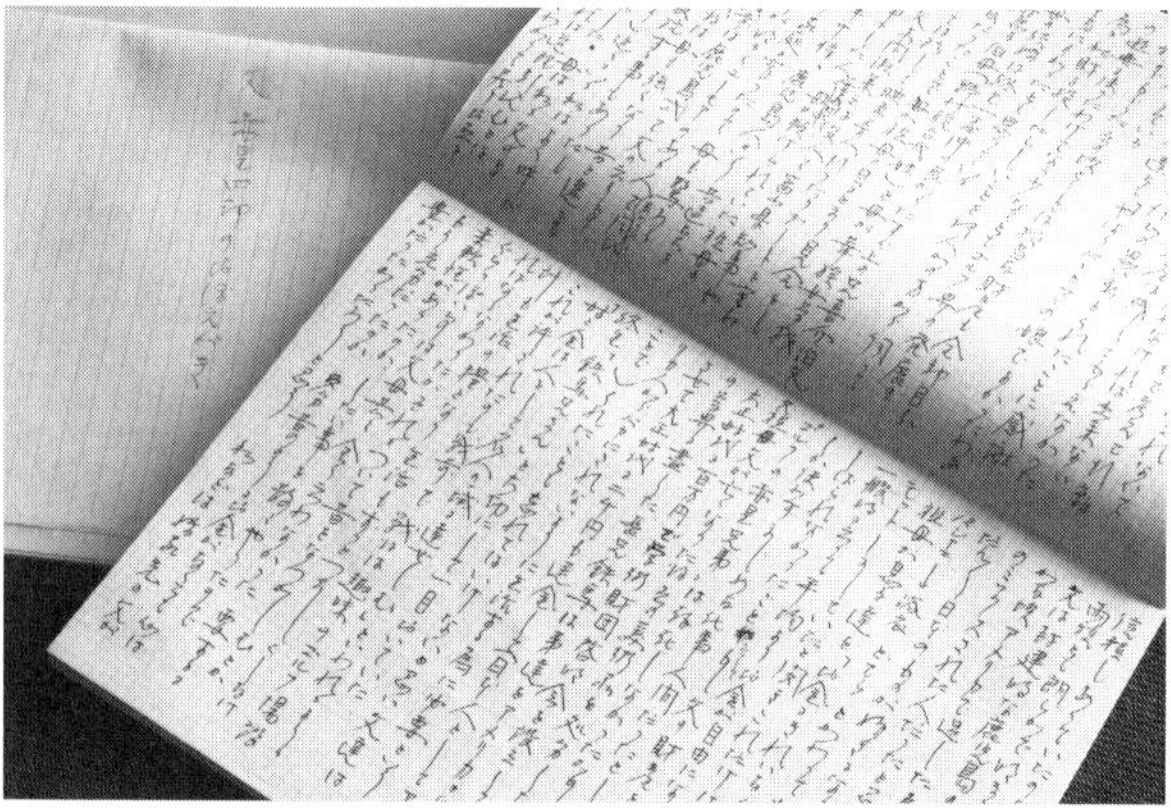

A4ノートにびっしりと記された赤星家の記録を綴った〝覚え書きノート〟。日本のゴルフ黎明期を支えた赤星家の歴史がよみがえる

Ⅰ　父・赤星四郎の覚え書きノート

隅田光子

赤星四郎の次女、隅田光子さんが書き留めた「覚え書きノート」を初公開。
アマチュアゴルファーがどのように草創期の
日本のゴルフ界を導いたのかがわかる貴重な記録

はじめに

1994年5月22日　書き始める。

父、赤星四郎が他界して23年経った（1994年時点で）ここ数年、いろいろな方から取材を受け、その度に姉、松本久子と2人で分けたアルバムに残る、今は貴重だといわれる昭和初期のゴルフの写真をお見せしたり（夏坂健氏からゴルフ関係だけ別のファイルにしたほうが良いと言われ、とりあえず3冊だけファイルした物）、想い出話をしてきた。私は終戦前後の2年位の間、父が満州へ行っていた時と昭和23年結婚して東京に住んでいた5、6年を除いては、ずっと父の家の近くに住んでおり、子供の中では一番付き合いが長かったので、戦前、戦中、戦後、若い頃、中年、歳をとってからと変化していくさまも見てきた。そんな訳で父のことについてお訊ねがあると、殆ど私のところへ問い合わせがあり、9年前（1985年）に主人、隅田眞吾を亡くし、一人住まいの気楽さ、時間も自由に使えるので、お相手をすることが多い次第である。

皆さんから父の生い立ち、思い出、経済的にどうしてゴルフが出来たか（仕事をほとんどしなかったにもかかわらず）となるとそのルーツも必要になり、私にもわからないことは親類に繰り返し聞いたり、また取材に来られた方から反対に私共の知らなかった父のことを伺うことも出来た。

私も来年（１９９５年）には70歳と父の晩年に近い年になってきて（１９２５年生まれ。２０２３年11月には98歳になりますので、遥かに上になってしまいました）、子供、孫もでき、父の気持ちも昔よりは理解出来るようになってきた。ただし結婚し、普通のサラリーマンの妻としての生活を経て、多少は世間が広くなった私共の目からみると、父をはじめ赤星家の人間はかなりユニークであったことがわかる。いとこ会などで話し合う度に、姉妹・自分を含む一族に共通する同じ血が脈々と流れていることを再認識し苦笑することしばしばであり、同時に懐かしくも思う今日この頃である。

もう私もぼけてきたようで（書き始めた頃既に）、取材に来られた方にお話ししたかったことが出て来なかったり、後でお話しすればよかったと思うことも多いので、少しでも早いうちに（もう既に遅いけれど）父の思い出、エピソードなど、何の飾りもなく自然体でメモ風に書き残しておこうと決心した。思い出した時に書き足していくことにするので、多分他人様からみれば、読むに堪え難いものになるのは覚悟の上で……。なお姉妹でも別な目で見ている場合もあり、これはあくまで次女・光子個人のメモであることをお断りしておきたい。また何分昔の思い出・記憶に基づくメモなので、個人の方々のお名前・会社名・事実関係等の間違い、おかしな文章もあろうし、書き始めたのが30年近く前なので、今では変わってしまっている部分も多々あると思うが、ご容赦頂ければ幸甚である。

1　娘からみた父・赤星四郎のこと

大きく分けて戦前と戦後になるが、ほとんどの期間サラリーマンではなかったから、私が幼稚園・学校へ通う頃はゴルフ→帰りはお茶屋で午前様の毎日だった。子供が起きる頃は睡眠中で、朝食を一緒に頂くことはなく、夕食を共にするのは週に一、二度位だっただろうか。その時はご馳走が並べられ、食後は一緒にトランプやゲームをして遊んでくれ、かなり楽しみ、勝った負けたと大騒ぎしたものである。また、土曜日はほとんど銀座などへ食事に連れて行ってくれた。その頃は銀座にも夜店が出ていて、銀ブラも情緒があった。喫茶店へ入ったり、好きな物を買ってくれたりで、ウィークデーにも夕食、映画等、サービスしてくれた。

学校のお休みの時は、その頃としては珍しく毎年（昭和9年位から）、冬や春はスキーへ、夏は家族旅行（それも人の行かない、今から考えるとかなり豪華な）へ連れて行ってくれた。

小さい頃は母もゴルフをしていたせいもあり、姉とゴルフ場へ連れて行ってくれて、両親がプレーしている時は一緒について回ったり、パットなどして待っていたりした。ことに藤澤CCを父が設計した時に出来た山の上の山荘で過ごした夏の間は、自分の家の庭のようにゴルフ場で遊んでおり、東京GC朝霞Cが出来た時は、クリスマスにクラブハウスで姉と私の友達を招待して十数人のパーティをしてくれた。今では考えられないことだと思うが、クラブハウスも大変空いていて、皆で鬼ごっこをしたり、楽しく遊んだ。パーティのことは当時招いた級友もよく覚えていて、このような計画を立て子供たちを楽しませてくれたことに今となっては感謝している。ワンマンでわがままであったが、父なりに家族へのサービスをしていたようで、その頃は当たり前と受け止めていたが、私共にもかなり気を遣ってくれていたと思う。

何度か満州、青島など中国（当時は中華民国）へゴルフコースの設計へ出掛け、長期間留守にしたり、関西へもゴルフの試合等でよくでかけ、その度に母や私共には勿論、親類中に山のようにお土産を持って帰ってきた（半分くらいは頂戴ものだったと思うが）。

昭和13年、妹・福子が生まれると大変な可愛がりようで、家に居ればいつも膝の上に乗せ、そのせいで妹の髪の毛はタバコ臭かったが（父はヘビースモーカーだったので）、よく動物園、遊園地にも連れて行った。その頃、日本画の先生に来て頂き、絵も結構上手に書いていた。あまりサラリーマン生活はしなかったが、しばらく川崎肇氏が社長の藏王鑛業《こうぎょう》の重役をしていた。山形県上山に硫黄の鉱山があり、その頃は毎日会社に行きながら、よく上山にも出張していた。姉と私が一緒に行くこともしばしばあったが、村尾旅館に宿泊し、冬はスキー、秋は松茸狩りに連れて行かれた。その前にも保険会社の役員をしていたようで、私共が学校へ毎年出す家庭調査表の父の職業欄には必ずどこかの会社の役員の肩書きがあった。そのため、サラリーマンというものは大して働かなくても重役になれるものと思っていたし、「ボーナス」というものも知らずに育ってしまった（会社の手帳などに父の名前がのっていたところをみると株主だったのかもしれない）。

戦争が激しく、食料不足になっても父の顔で色々なものが集められたし、ゴルフ場から帰るとキャディバッグやボストンバッグから果物や肉、魚などがたくさん出てきて大喜びしたものだった。霞ヶ関にあった東京倶楽部のコックさんから石油缶一杯のラードや肉のかたまりを頂き、程ヶ谷CCのグリーンキーパーをしていた「かくだ」さんはよくお野菜を運んで下さった。

第二次世界大戦がはじまると無職の人は徴用にとられる心配もあり、友人（平山孝さんだったか山形さんだったか忘れたが）のお世話で満州電気化学工業の吉林の工場長として満州に単身赴任して行った。

その前、昭和18年3月に長男・昌夫が生まれたが大変身体が弱く何度も病気をして両親も苦労した。昭和19年、父が家族をおいて一人満州へ行ったことは、第二の祖国アメリカとの戦争が辛くて満州へ移ったと言われる方もあるが、父はその頃で言えば忠君愛国の精神も旺盛だったように思うし、食料がまだ豊かだった満州へ行った本当の気持ちはとうとう聞かずじまいだった。昭和19年12月に姉が結婚することになり、その式の時には一時帰国したが、以後は帰国出来ず、まったく生死もわからないまま、終戦一年後の夏、無事に二宮（神奈川県）の疎開先（六郎宅）へ痩せた体で帰ってきた。引揚者という感じではなく、九州に上陸した際、以前からお知り合いの麻生様（と思われる）にご準備頂いた洋服を着ており、一応人並みの格好だった。家族にひどい姿を見られたくないとの父の気持ちをよくお分かり頂いていたのだろうが、終戦直後で入手も大変だったはずで、今でも有難く思っている。

当時母、20歳の私、7歳の妹、2歳の弟は二宮の六郎宅におり、戦争中藤澤CCのそばの山荘を海軍飛行場用にとられ、そこの家を取り壊した木材等の部材で戦後、鵠沼（神奈川県）に小さい家を建てた。満州ではかなり苦労したと思うが、あまりそのことにふれることはなかった。帰国後すぐ父の帰りを待っていてくださった親友の白石多士良様のオフィス（当時は白石基礎工事KK）へ入社。早速ゴルフ場関係の仕事を始め、充実していたのであろう、喜々として働いていた。昭和21年秋、鵠沼の家が完成したので、そこに移った。その後独立して赤星設計事務所を開き、次々とゴルフ場の設計を手がけていった。帰国後しばらくはプレーしなかったが、やがてプレーもするようになり、試合にも出ていたようだ。晩年痛風になってからは調子の良い時だけ主に箱根CCで、昔から親交のあった岩崎様の別荘に泊めて頂いたり、ハイランドホテルに泊まりながら、岩崎温子様ご夫妻（お嬢様時代からお親しくして頂き、よくお世話して下さった）、お嬢様の許斐《このみ》順子《のぶこ》様、佐伯様（横浜シネマの社長）などとプレーしていた。

とにかくワンマンで自分の思うようにつき進んでいた父だったが、昭和40年代になると徐々に衰えが目立つようになり、遂に昭和44年に倒れて順天堂医院へ入院した。その後、リハビリのため伊豆長岡の同医院分院へ入院したが、回復の兆しはなく、本人の希望で鵠沼の家へ連れ帰り、それからはずっと寝たきりになった。昭和46年5月9日、数えの喜寿77歳の祝いを子供達が集まってした数日後、満76歳と1週間で他界した。

近くにいた私や私の子供（父にとっての孫）2人（その頃22歳と19歳）達は度々呼ばれ、孫娘のつくった食事はことのほか喜んでいたし、たぶん顔が見たかったのだと思うが、私には爪を切ってくれとか耳をかいてくれとかの用で毎日のように呼ばれた。その度に、「どうも有難う」と弱弱しくお礼を言う父は、昔を考えると嘘のようで、つきそいの人はいたが一日中母を呼び、わがままを言って甘えていた。

亡くなる日の前日、何十年来の友人である東先生（前順天堂院長）と順天堂で主治医の北村教授が五郎叔父とゴルフへいらっしゃった帰りにお見舞いに来て下さり、もうあまり長くないことを伺っていたが、9日、朝食のスープが気に入ってお代わりを頼み、母が台所へそれを取りに行っている間、苦しむこともなく眠るようにあの世へ旅立ったのがせめてもの慰めであった。

元気な頃は体も声も大きく、わがままで歯に衣を着せずしゃべる明るい人だったが、すぐカッカと怒り、ものごとを理路整然と説明することが出来ず、しばしばアレがアレして式の、指示代名詞の羅列になったので、家族が次々に「あのこと?」「誰さん?」と想像しながら会話が進むこともあった。そんなこともあって父の本心を理解出来なかった方や誤解された方も多く、怖がられていたのではないかと思う。確かにそういう面もあったが、お年をとった方、年長者やご婦人方へは礼を尽くしたようで、若い女の方も「マナーには厳しかったが、本当の紳士だった」と言って下さり、年輩のご婦人から「お父様、素敵で皆であこがれていたのよ」などと伺うと、くすぐったいような嬉しいような気になったものだ。

多分家の者には優しさを表に出すのが恥ずかしかったのだろうと思う。

家族として贔屓目に長所を述べさせて頂くならば、良いと思ったことには自分の損得を無視して猪突猛進。誠実な人に対してはとことんよく面倒を見たし、まったく見返りを要求しなかった。人の悪口は決して言わず、お金にきれい、人を喜ばせることが好きで、神経の細かい心遣いをする人だった。

親孝行で子供も可愛がり、食べることはことのほか大好きで、チョイスはまず間違いなく（と今になって思う）、お洒落も上手で、衣食住すべてにわたりセンスが良かった。物事には裏と表があるので、心からなる親切を、お節介に思う人も、また迷惑に感じる人も居られただろうし、私共子供たちも若い頃は父の思いが鬱陶しく感じたものだった。

どこに居ても何となく目立つ人なので、それが恥ずかしくて赤星四郎の娘であることが嫌だったこともあったが（きっと娘3人のうち「上の2人」姉と私は、主人がシングルプレーヤーだったにもかかわらず、一緒にゴルフをしたくなかったのも、こんなことが原因かもしれないと思う）、今考えてみると周囲を気にせず時流に流されないで、色々なことや物をお仕着せでなく自分で考えて行動していた。お金を使わなければ出来ないことも多かったわけで、財産は残して貰えなかったが、お金では買えない沢山の思い出をくれたことに感謝しており、姉や妹たちとも「やはりパパとママの娘で良かったわね」と話し合っている。

親から相続した相当な財産も全部自分の遊興に使ったわけではなく、少なくともゴルフ界の発展のために私財を投じたらしいことを何人かの方から伺い、本当に良かったと思っている。

父母の結婚は、終生一番仲の良かったすぐ上の兄・喜介伯父の妻・寿恵子伯母（満鉄総裁野村龍太郎の次女、野村駿吉の妹）と母が華族女学校時代親友だったことで、祖母の目にとまったのがきっかけになったそうだ。その頃としては珍しく映画などへ行くなどしてデートを重ねたとか。母の父、木間瀬策三は富山県の知事や大阪府副知事をした役人で、母が預けられていた祖母の実家、橋元家が海軍中将、鹿児島人という赤星家との共通点はあったが、それ以外は、父とまったく違う家庭に育ったので、結婚後は母も驚くことが多かったようだ。ただし、父にはユーモラスな一面もあり、また若かったので、次第に母も同化出来ていったと想像する。

戦前は鹿児島式で父の言うことには絶対服従だったが、戦後は母も強くなり、昔と違って家にいる時間も長くなったので、反抗することもしばしばで（お互い歳をとって頑固になったせいもあり）、近くにいる私はよく呼び出され、結構、潤滑油の役目を果たした。母は父のことを「大きなダダッ子」とか「無理が通れば道理引っ込むとはパパのこと」とか言うくらい性質をよくわかっており、お互い信頼し合っていたのだと思う。また父方の祖母が良い人で母は心から尊敬していた。

両親とも朗らかで明るく、父は、封建的な鹿児島の薩摩隼人の血と、感受性豊かな頃、アメリカで過ごしたため、アメリカ的な考え方がミックスされた人だったと思う。

もっとも衣食住とも歳と共に段々日本の物が好きになり、ベッド↓寝床・畳の部屋、パジャマ↓浴衣・どてらと変わっていった。

祖母が息子達を「お金にきれいな人間に育てる」のをモットーにしていたと聞いていたが、これだけは見事に果たされた。平均よりお金が自由になり時間にも縛られなかったこと、そしてもし祖父の財産を身分相応にしか使わず真面目な仕事人間だったとしたら、〝ゴルフの赤星兄弟〟は存在しなかったかもしれない。

祖父が亡くなったとき、その美術品を処分した売却代金の中から大正時代の100万円で学術財団啓明会を設立して日本の学会の発展に貢献した長兄・鉄馬は、弟たちをアメリカに留学させ、大正時代に2000円も送金してくれた（日本人としてアメリカ人からバカにされないように生活するために必要ということで。2000円は大会社重役の当時の給与並みと聞いたことがあるが、調べると、今の価値に換算すると4000倍、531倍と諸説あり、まったく違う）。父たちはこのことを忘れてはいけないと思い、終生「鉄馬兄さん」と大切にして一目おいていた。

「時と金は人として名人の域に達せしむ」と言われるように、これが許されたのも戦前で、戦後は趣味のゴルフ場設計も生活の糧となり、生活もずっとつつましくしなければならなかったが、それについて昔を懐かしむとか、愚痴っぽいことは父母共々まったく言わなかった。要するに柔軟性があったのか、したいことを散々やったのでもう充分だったのか、昔のようにお金がなくても心は豊かだったのだろうと思う。私などは、ひところ事情があってつましい生活をしたが、やはり人のことを羨んだりすることなく、気持ちだけは豊かに過ごしてこられた。私自身、どんな偉い方にお目にかかっても、すばらしいお家を拝見しても、驚くことや卑屈な気分にならずに受け入れられたが、これもやはり両親のおかげと感謝している。

父は植木類も好きで自分では手入れなどしないが、歳をとってから散歩に行ったついでに植木を買ってきたりした。いつだったか「こでまり」を購入し、母に「お前が好きだから〝こでまり〟を買ってきた」と言って、その時は自らシャベルで穴を掘って植え、父も意外なところがあるなぁと思った。

2 四郎の子供時代の話（祖母・父から聞いたこと）

父が生まれたのは東京・牛込で、間もなく鳥居坂に移り、そこで育った。今は国際文化会館がある場所だが、それよりも広く、道場とお茶室があった。元々は赤星家が井上馨氏から買い、大正12年の関東大震災のあと、岩崎家へ売ったが、戦後、岩崎家が物納されて国際文化会館が出来たと聞いている。

広い家なので、子供を召集する時には鐘を鳴らし、食事ではすぐ集まったが、お風呂の鐘の時はみな来なくて探すのが大変だったそうだ。兄弟姉妹が13人（早く亡くなった人も多いが）、その他親類縁者で居候している人や使用人も大勢居り、決して過保護には育たなかった。

父は相当いたずらだったようで、父達が子供の頃悪いことをすると、私共にはやさしかった祖母も「もぐさ」を持ってどこまでも追いかけ、お灸をすえたそうだ。

昔からすぐカッカするほうで、一番仲良しの喜介伯父と喧嘩して、ある時煮立ったお湯の入った鉄瓶をもってきて火傷させて大騒ぎになったそうである。でも兄弟は仲が良く、共にいたずらをし、庭が広いので中学時代には鳥や可哀そうにコックの飼っている猫などが空気銃の標的にされたとか（喜介伯父とこのことを2人で楽しそうに話していた）。

東京へ出てきても、鹿児島と同じように、冬になっても男の子は足袋をはかせてもらえず、ハダシ。夜も女の子には湯たんぽが与えられても男の子には許されず、父は姉や妹の湯たんぽを失敬しては自分の床をあたためたと言っていた（知らん顔してまた返しておいたらしい）。

その頃の風潮として牛乳と卵さえ食べれば良いと言われ、滋養がある「栄養」という言葉が盛んに使われていた。とにかく「上等舶来」で欧米風がすべて良いとされ始めた頃で、赤星家の食卓には、コックがつくる和食と洋食が一日おき、デザートのお菓子も出る本式のもので、アメリカへ行った父の兄弟は、鳥居坂のディナーのほうがアメリカの学校の寮の食事よりずっと美味しく、懐かしく思ったそうである。

鉄馬伯父の妻、文伯母は、結婚した頃、鶏まるごと（鳥のガラではなく）2羽でスープがとられ、そのまま捨ててあったり、日常の食卓に大きな魚（鯛や平目）2匹位、それに肉など並べられ、また常々お客があって十数人で食事をしていたことに驚いたと言っていた。

父は大人になってセロリを頂く時、昔大人がセロリを美味しいと言って食べていたので、自分も一口食べたらまずくてびっくり、しかし昔は吐き出すことは許されず無理やり飲み込んだと話していたし、こんなご馳走があっても学友のお弁当が羨ましくてコックに言って牛肉の佃煮などを入れて貰ったそうである。

当時はコックも運転手や車夫などと同じく邸に住んでいたが、商店（食料品）はコックへの付け届けが盛んだったらしい。きっと祖母は口出しもせずコックの言いなりに高い材料を買っていたのだろうが、これは何もうちばかりではなく、皆そうだったようで、のんびりした時代だった。

祖父は父の小さい（8歳位の）時に亡くなったが、お茶道具の収集家として有名で、よくお茶席をもうけ、お出入りのお茶のお師匠さんも居られ、その時々に使用した道具類からお懐石料理の内容も全部記録していたと父から聞いたが、多分記録はもう残っていないと思う。歳をとってから何かの時に、お茶席のお道具からお掛け軸は全部関連のあるものを使い、原則お茶碗など持っている一番良い物の次に良い物をお出しし、お客様のご所望があってはじめて一番の物を出してきたと語ってくれた。その頃小さかった父がきっと後で祖母や姉たちから聞いた話だったのではないかと思う。

祖母が話してくれたことだが、鳥居坂の家の隣に久邇宮《くにのみや》家の御殿があり、赤星家の庭にある栃の木の実を拾いに行きたいとのお申し出があり、勿論お受け申し上げた。来られている間「男の子達を一間に集めていたずらしないよう監視していたのよ」と笑っていた。その時の様子、想像するだけでもおかしくなる。

父は、公立の麻布小学校、中学は麻布学園に通い、成績は優秀、兄弟姉妹にもまれながら、要領も頭も良いほうだったようだ。スポーツも上手、万事そつなく少年時代を過ごしていたようである。そして中学を卒業した年の夏にアメリカへ渡り、ローレンスビルハイスクールへ入学することになる。

鳥居坂の家は、幼稚園（東洋英和付属）へ姉と私が通っていた折に、よく前を通り「パパの小さいとき住んでいた家」と教えられ、自分の家とずい分違うなぁと思ったものである。

父は寂しがり屋だったのか、大きい家に住まず、親類のなかでも一番家が狭かったそうで、私が訳を聞いた時に「家族の顔がすぐ見えたり声が聞こえるほうがパパは好きだよ」と言っていた。

従姉の山路さんにうかがったこと（父の姉、小森てるの長女）。

鳥居坂の家は今の国際文化会館より広く、入ったところに剣道の道場、次に花壇、食器を焼く窯（赤星家の紋のついた食器）、馬小屋（3、4頭の馬が居た）、さらにその先に馬場があったそうだ（私は見た覚えがない）。

馬車の馬は別にあり、入って左に使用人の長屋があった。庭の左側にあるお堂の仏堂に祖母は毎日お参りしていた。月に一度は鎌倉円覚寺の僧侶が法話に来られ、それを聴きに人が集まったと聞いたことがある。晩年祖母は毎日お経をあげていた。赤星家は神道だったが、祖母は熱心な仏教信者で、怒ったところを見たことがない。

八つの窓のあるお茶室「八窓庵」もあった。（以下確かでない部分もあるが）興福寺にあった織部ゆかりの有名なお茶室で、「廃仏毀釈」のため、壊されるところを井上馨さんが買い取られ、鳥居坂の家と共に赤星家が購入、後に井上家にお返しし、今は奈良国立博物館に保存されていると聞く。

このようなことがあったせいか、父も歳を取ってからたまに和菓子とお茶を頂くことがあったが、その時には私がお茶を点てたものである。

「日本人にもハイソサエティに属する人間がいることをアピールしてこい」
そんな祖父の教え通り、アメリカ人に囲まれても引けをとらない四郎（後ろから2列目右から4番目）と六郎（後列左から7番目）

3　アメリカ時代（父の話・友人の話）

父とその兄弟で夭折（若くして死去）した次男と五男を除く6人のうち4人までが中学を卒業するとアメリカへ留学。高校・大学時代を過ごした。その頃欧米へ留学して国際人に育てることが余裕のある家庭では多かったようだが、父の伯父（弥之助の兄）長澤鼎《かなえ》が当時、アメリカ西部のサンタローザの葡萄園経営に成功し、住んでいたことも一つの理由だったと思う。

この大伯父（私共にとっては）は1852年磯永孫四郎周徳の四男として鹿児島で生まれ、12歳のとき薩摩藩の洋学養成機関である開成所に入り、英学を勉強。1865年（慶応元年）薩摩藩の命令をうけた英国留学生19名の最年少者として13歳で選ばれ渡英した。森有礼らも一緒で鎖国時代だったため〝密航〟。本名の磯永彦輔から長澤鼎と変名し、一生この名で通した。

長澤は1867年にアメリカへ渡り、生涯をアメリカで過ごした。カリフォルニア州サンタローザに広大な葡萄園を経営。葡萄酒製造につとめ、葡萄王と言われ193

4年82歳で死した。今、西鹿児島駅前に「若き薩摩の群像」という銅像（留学生全員）の中に大伯父の姿があるそうで、昭和58年レーガン大統領が来日した折、衆院本会議場での演説で、大伯父のことにふれ、侍の留学生長澤がカリフォルニアでアメリカの生活を豊かにしたことにふれている（サンデー毎日昭和58年12月4日号「薩摩藩英国留学生」参照）。

父は長澤の伯父のことをいつも尊敬の念をもって話をし、あの有名なエジソンと友達だったこと、葡萄園は広くて馬車でまわっても一日かかるくらいだったこと、書斎にある本棚には本がぎっしり並んでおり、どれをとって内容を尋ねても正解が返ってきて脱帽あるのみだったこと等を聞かされた。学校の休みには時々訪ねて行ったそうである。

早く父を亡くした父にとってはきっと懐かしい存在で、伯父の前では良い子だったであろう、父の若い頃の姿を想像することが出来る。

麻布学園を3月に卒業してから、船旅の末、一人でアメリカへ着いた父をちょうど夏休みの最中だった（6月頃？）喜介伯父が迎えに来てくれたそうだが、すぐに一人でキャンプに突っ込まれ、日本人はいないし参ったと言っていたが、英語は早く覚えたようだ。

ローレンスビルハイスクールでは努力の甲斐があってベストボーイに選ばれた。これは父の自慢話の一つで、勉強、スポーツ、人気と3つ揃わなければ選ばれないもので、思いがけない栄誉に驚き、嬉しかったようだが、すぐにスピーチをしなければならず、しどろもどろだったそうだ。因みに父は日本語でもスピーチは下手だったので、その時の様子はどんなだったかと想像するだけでおかしくなる。これで勉強さえすれば出来るとわかり、それからはスポーツに夢中で、あまり勉強しなかったようだ。アメリカンフットボール、ラグビー、バスケットボール、野球、アイスホッケー（大けがしたのですぐやめたとか）テニス、などなど色々なスポーツに頭を突っ込んでいたらしく、それらの写真をみたことがある。

鉄馬伯父（父の長兄）から多額の送金があり、大学ではドミトリーも2人で3部屋使っていたとのこと。それでも高校時代、新入生の頃はどこも同じで、冬の寒い朝は各室のスティーム栓を開けに回らねばならなかったのが辛かったそうだ。

友達同士結構仲良くしていて「おなら」に火がつくか、お互いにやり合ったが、ローソクをそばにもって来られると、火傷が心配で皆出るものも出なくなったとか。また、ボストンあたりの友人が「家に帰ると、お母様が自分のため、パイを焼いてくれて一個全部食べるのだ」と話してくれ、到底信じられなかったが、その家へ泊りに行ったら本当にそうだったとのこと。また、ボストンの辺りは信心深く食事の時、皆、お祈りをするので、あわてたとか、私が子供の頃時々話をしてくれた。

戦後、父と同じ頃アメリカに居られた銀行家の方にお会いした時「あなたのお父さんは……」と話してくださったが、その銀行へ車を買うとお金をおろしに来たと思ったらまた翌日お金を出しにきたので、理由をおたずねになると「昨日買った車は線路の上でエンコしてしまい、そのまま置いてきてしまった（あるいは汽車にぶつかり壊れたのかも）ので、また新しい車を買う」と言われびっくりしましたとのこと。そばでニヤニヤ笑っていた父の顔は忘れられない。たとえ中古の車だったにしてもこの経済観念の無いことといったら……（これは聞いた話だが黄色人種に誇りをもって黄色いカーに乗っていた時期があったそうだ）。

大正時代の米国では、出稼ぎの日本人が多く、バカにされることも多々あった由。それを身にしみて感じたであろう長兄・鉄馬伯父は、日本人でも上流の方と対等に交際出来るようにと多額の送金をしてくれた。大きいホテルへ行ってもボーイたちはサービス満点、お友達の家へも休暇に呼ばれて仲間として受け入れて貰っていたそうだ。

お金持ちの家ではお客ごとにボーイが一人つき、お客のスーツケースを整理しながら持ち物を調べ、お客に恥をかかせないよう家族がそれに合わせたようで、父が一度帰国したとき、招待した友達（お金持ちだったらしい）にもそのようなボーイをつけて世話させたそうだ。その頃（大正時代）既にかような訓練をされた人がいたことを初めて知った（今でもいますかしら？）。

子供の頃、アメリカの富豪ウールウォース氏、モーフェット氏などが来られた時は見栄を張るというより、日本人を代表するような気持ちで本当によく務め、両親とも毎日サービスしていたことを覚えている。どちらか忘れたが、ご夫婦で来られた方に母は夫人のお相手をし、すごい宝石類を見せて頂き、〝ベストワン〟をご所望されたので、ミキモトへご案内したが、お気に入った物がなかったとか。そのとき頂いた素敵な時計は、銀座の時計屋に行く度に「ちょっと拝見させて頂きたい」と店に言われた程の品だったとか。母も良い経験をし、興奮して話をしていたのを覚えている。

父はアメリカ人に好かれ「シローはジャストライクアメリカン」と言われ、一人で来られた方を夫婦で横浜まで見送った時、「シローを神戸まで借りていっていいかしら？」と母は言われ、父のみ連れて行かれたこともあったと。

戦争後はこのクラスのアメリカ人とは付き合うことなく（もう付き合えなかったのだと思う）、中流の方とはクリスマスカードやプレゼント交換はしていたが、ごく普通の方々と付き合っていた。フルムーン旅行で来られた高校や大学時代の友達が2、3組訪ねて来られたこともあったが、いずれも大金持ちではなかったようだ。

在米中、飛行機でパリ・ロンドン間を飛び、飛行機に魅せられ、第一次世界大戦に参加したくて日本の親許へ免許を取得したいと頼んだが、許可がおりず残念だったようだ。何でもやってみたかった人、四郎は何をやらかすかわからないと皆に思われていたらしい。

すっかりアメリカナイズされて帰った父はダンスも上手で、ダンスシューズ（軽いもの）も持っていた。帰国後、鉄馬伯父の妻、文が一緒にデパートへ行った時、待たされている間、タップを踏んだりして伯母を赤面させたが、次に待っていた兵役によって本来の日本人になっていったようだ。

カリフォルニアのサンタローザで葡萄園を経営した長澤鼎（本名：磯永彦輔・後列右）と四郎（前列右）

4 兵役

帰国後（多分年齢リミットぎりぎりに帰国したと思うが）、勿論甲種合格で、兵役を務めることになった。これでやっと真の日本人になれたと本人も周りも言っていたが、きっとずいぶん苦労しただろうと想像出来る。要領のよい父だったが、その時の苦労話はほとんどしなかった。戦争中、私共女学生も「軍人に賜りたる勅諭」なるものを読まされ、それを聞いた父が「パパも昔は全部覚えていた」とちょっと懐かしそうに言っていた。

近衛騎兵で幹部候補生、少尉か中尉になり、天皇陛下をお守りする役で宮城（皇居）門には度々入った。演習で疲れ、休憩と言われると皆、草の上で寝てしまい気が付くと馬や犬のフンの上で寝ていたこともあった程大変だったそうだ。騎兵隊は演習から帰ると何はさておいても馬の手入れをしたものだった——と話をしてくれた。馬の世話は動物好きの父に合っていたのかもしれない。

ちょうど兵役中に父の大叔父・樺山資紀《かばやますけのり》大将が亡くなり、その時一兵卒だった父はお棺の側をつきそって行進したそうである。後日、私共が中学生位の時、一度、1週間か2週間くらい召集された時期があり、毎日兵隊さんが馬を引いて家に迎えに来ていたが、軍服を着てそれに乗って行く父はとても格好よかった。

この時も召集された仲間を招待し、お茶屋などへも連れて行った由。父はそこでは遊ばず、送り込むだけで、支払いを全部したようだ。このお仲間とは後にはまったく交流もなかったとのこと。ただ縁のあった人を喜ばせるためにしたのだろうが、それではお金もなくなるわけである。

子供の頃はわからなかったが、後年父のご友人から様々な話を見聞する機会も多く、父がかなりユニークな人だったと改めて認識したものだ。

5 祖母のこと（親孝行の子供たち）

私の覚えている祖母は小学校の頃はいつも大磯（神奈川県）の別荘で寝ていて、夏は箱根小涌谷の別荘へ行っていた。私が生まれた時（大正14年）は抱いてもらったそうだが、昭和の初めの頃から心臓が悪いということで床につくようになったようだ。東大の馬場先生という方が主治医で終生看護婦がついていた。いとこたちとも話をするが、今だったらずっと寝ている必要はなかったように思う。お医者様に従順だったのだろう。

子供を育てた頃はとても厳しかったというが、私共にはいつもやさしく寝たきりなのにいつも清潔で、微笑みを絶やさず、素晴らしい人だった。嫁に当たる母も良い姑に恵まれたことをいつも感謝し、本当に幸せだと言っていたし、使用人も周りの人達からも「生き仏様、ご隠居様」と慕われていた。

家は神道だったが、本人は熱心な仏教徒で、祖母の部屋には大きなお厨子《ずし》があり、沢山の立派な仏像が収められていた。毎朝般若心経をとなえていた祖母の姿が今でも目に浮かぶ。祖母の長男（鉄馬）が結婚して間もなくの頃、本人が若い間は周りの人もいろいろ注意してくれるが、姑になると誰も忠告してくれる人がないからと仏門に入り、教えを乞うようになったそうだ。子として親に、嫁として夫に、老いては子に従うという三従の教えを地でいった人だと思う。

大正時代のお嫁さんにお昼寝をすすめたり、長男に子供が産まれると鳥居坂から身を引いて長男の住んでいた赤坂台町と交換したが、それらをさり気なくごく自然体でやっていた。

29年の結婚生活の間に13人の子を産み、まだ小さい13、14歳で結婚した頃は、母が恋しくて、初めは姑の寝床に入って寝ていたというのも微笑ましい。昔はいろいろなことを覚える頃に嫁へ行き、その家風に育てられたのであろう。

明治維新という時代の節目を迎え、祖父（弥之助）は、士農工商と言われていた頃だったにもかかわらず、これからは商の時代になると武士の地位に見切りをつけたが、事業に成功するまで何年かの間は経済的にも苦労した時代があったようだ。

一番上の女の子は西南戦争で桜島へ逃げた折、雨戸で周りをかこった中でお産をしたが、すぐ亡くなり、「しま」と命名したのだと姉と私は祖母にきいた（赤星弥之助略歴と少し違いますが）。15歳くらいの時だったはずで、昔の人の強さに感心してしまう。

祖父が成功し、お出入りの茶道具屋、おかかえの茶道のお師匠さんがいたが、貴重な道具類は祖母が出し入れしなければならず、大変なことだったと聞く。いろいろなお客も多く、洋風のお茶をお出しするお客の時は、銀のティーポットから紅茶を注ぎサービスすることもきちんとこなしていたと、その頃少女だった従姉から聞いた。士族の娘としての躾は受けていても女学校へ行く時間もなく、西洋文化のシャワーを浴びて新しいことへ挑戦していった。その頃の婦人達に対しても男の人は相変わらず根本から封建的で、特に鹿児島は男尊女卑のメッカであった。必要以上に威張りちらし、祖父にお客の前で「こんなものが食えるか!!」と食器を投げられても（コックが作ったものなのに）黙って詫びるよりなかったそうだ。これもお客に対する一つのサービスだった（見栄から出た）時代のようである。

祖父は父に輪をかけたワンマンだったらしいが、祖母がお産で寝ている時、子供達が騒いでいると「静かにせい、静かにせい」と怒鳴って歩き、「お祖父さまの声のほうがずっとうるさく、子供達の声のほうは可愛かったけれど、黙っていたのよ」と祖母は笑っていた。こんなところは、何となく父と似ていたのではないかと思う（顔は一番似ていると思う）。

気丈な祖母も鉄馬伯父をアメリカへ見送った時は部屋にとじこもって涙にくれていたそうで、このことからもその頃海外へ行くのがどんなに大変な出来事だったかよくわかる。

祖母に対する子供達は、今考えても、全員が大変親孝行だった。心から尊敬し、慕い、愛していた。父が9歳のときに祖父が亡くなったので、自分の父（赤星弥之助）の思い出は少なかったと思うが、青山墓地の祖父の墓参りは元旦をはじめ、年に3、4回は行っていた。小さい頃「パパはお墓のおじい様に何をお話ししていらっしゃるの？」と聞いた時「皆のことをお話ししているのだよ」と言っていたことを思い出す。

父の兄弟・姉妹は祖母のいる大磯にはよく行った。私共も、お正月、母の日、春休み、夏休み、秋休み（というのが当時はあった）と年に何度も訪ねた。祖母の子供達（その頃はもうおじさん、おばさんになっていた）全員が「お母さん、お母さん」と少しでも祖母のために良いことを考え、競争するようにいろいろしてあげていたが、祖母も素直に従い子供の言うことをよく聞き感謝していた。父が、トマトジュースの瓶詰が日本で発売された時、体に良いからと何ダースも送り毎日グラスで飲んでいた姿も覚えている。

父や六郎叔父は時々祖母の寝床の裾のほうに頭をのせて寝ころびながら、いろいろ話をしていたが、大きくなっても母親には甘えるものだなと思い、おかしかった。六郎叔父が二宮へ移り住んだ一つの理由としてはやはり祖母の近くに住んでいたかったのだろうと思う。戦争が始まり食料不足になると本当によく祖母の面倒をみていたが、

「せっかく苦心して調達してもお母さんはすぐに人にあげてしまう」と嘆いていたものだ。

五郎叔父が安田靫彦《ゆきひこ》氏と知り合い、祖母の肖像をお願いし、2、3度来て下さったが、祖母が立派な人であり、息子たちが親孝行なのに感心したと書いておられた（肖像画の画題は赤星母堂像）。

三島のお寺の玄峰老師という偉いお坊さん（山本玄峰・後に鈴木首相に終戦をすすめた方）が時々祖母のところへ来て下さり、お話を伺うのを有難がっていたが、老師もまた祖母のことを心から褒めておられたことを他の方から伺った。この素晴らしい祖母を超える子孫はいまだに出ていない
父はアメリカ時代ティファニーで当時100円で祖母のため花瓶を買ってきたし、終戦時満州から日本に引き揚げてきた時ですら祖母にと小さな花瓶を買ってきたが、父のことを心配しながら既に他界しており、父はがっかりしていた。

関東大震災のとき箱根に避暑に行っていた祖母を案じ、父はオートバイで様子をみに行ったが、野宿するかもしれないからと、当時の日本人としてはめずらしい革ジャンバーなどを着ていたため、途中検問にひっかかり、朝鮮人と疑われた。丁度鉄馬伯父のお友達が居られて身分を証明して下さったという一幕もあったそうだが、一連の行動は祖母を思う一念でのことと思う。

赤星家の人々は大食い、早食い、美味しいものが大好きであるが、大磯に行くといつも大変なご馳走だった。レパートリーは少なかったけれど、魚のあらいとか、おさしみ、井上の蒲鉾の入った吸い物、煮物、豚の天津煮、大きなステーキやカツレツ、サラダなどの量の多さはすごかった。夏はうなぎも堪能した。大磯には今でも井上、和菓子の新杵《しんきね》（虎子饅頭で有名）が健在で本当に懐かしい。

私共だけの時は若向きにと、祖母は女中にサンドイッチを作らせてくれたが、今でもあの「ユラユラサンドイッチ」を思い出す。15種位のサンドイッチが4切れずつお皿に重ねてあり、女中が運んでくる時、高さが15～20センチあり、ユラユラしていたので、こう呼んでいた。それには鶏のもも肉と野菜の沢山入ったスープがついており、すべて祖母の発案だったが、常に新しいものを工夫して皆を喜ばせてくれた。

夏は大磯の海岸には葦簀《よしず》張《ば》りのお茶屋が並び「黒ん坊」（原文どおり）と言われていた漁師（年配のトク爺という人だった）が、お得意さんの子供達の水泳の相手をしてくれた。「いづ竹」というところに祖母がお金を払っておいてくれたと思うが、そこへ行けば沖まで大きな浮き輪をもって漁師がついてきてくれたので、子供達だけで海へ行くことが出来た。休むテントやビーチパラソルもあり、海から上がると、体を洗い（シャワーなどなく大きな樽に水が入っていてそれをくんで洗った）、その後に楽しみにしていた熱い麦茶（お砂糖の入った）を飲んだものである。大磯小学校の前にあった本屋では「つけ」で本が買えたし、お中元・お歳暮には祖母から十円ずつ貰っていたが、その頃必要なものは親が買ってくれていたので、あまり使った覚えがない。何千坪（1万坪くらい？）もあった別荘で門を入って右500坪位は畑になっており、百姓一家を雇って祖母のための野菜を作らせていた。さらに、庭や拭きそうじをする爺や（ショウヘイといった）の家、もう一軒庭や家の掃除をする人の一家の家もあった。桃畑、みかんの木、山もあり、今では考えられないスケールの中を飛びまわって遊ぶことが出来、今さらながら有難かったと思っている。

祖母の許しを得て、お三時をもって山へ行き、木登りしたり探検と称して山を歩くと思わぬ動物に出会ったりで、大磯の思い出は限りなく懐かしい。

祖母が年をとり箱根への移動が出来なくなると、少し涼しい新座敷と言われた新しい建物へ移り、夏の間は祖母の枕許には大きな氷柱がたらいの中に立っていた。中庭にはショウヘイがご隠居様のためにと朝顔の種をまき、竹垣を作り、毎朝朝顔が何輪か咲くようにしていた。あの頃の奉公人には素晴らしい人がいたものと思う。姉と2人だけで大磯へ行くと、プラットホームにショウヘイが赤星家の大きな紋と赤星家と染めたハンテンを着て出迎えに来て最敬礼されるのが恥ずかしくて困ったが、過ぎ去った過去のよき時代の一ページだったと思う。

箱根小涌谷の別荘も今としてはとても広く、すぐそばには、滝面を複数に分かれて水が流れるので有名な千条《ちすじ》の滝があった。祖母が行かなくても鉄馬家が毎年行っていたが、私共も少しの間いつも遊びに訪れた。仙石原ゴルフ場には父母・伯母・いとこ達とよく出かけ、時々行った富士屋ホテルも懐かしい。戦争中安田家に売り、その後、家は火事で焼けたと聞く。あと山中湖にも赤星家の別荘があったが、やはり戦争後に手放した。

左から四郎の次女・光子、六郎、
四郎の長女・久子、四郎

6 家庭教育のこと

マナーに厳しい父で、戦前はアメリカ留学時代の感覚も残っていたようだが、この頃の日本の家庭がすべてそうだったように、挨拶、お礼、お詫び、食事のマナー、時間厳守、言葉使い等々は厳しく育てられた。

また小さい頃は、外国式におやすみのキスをし、謝る時は「ソーリー」、犬をしかるときは「シェイム！」と言っていたが、姉と私が小学校に入ってからは学習院的な言葉遣いになり「おやすみ遊ばせ」「ご免遊ばせ」に変わっていった。

朝、私共が起きる頃、父は寝ていたが、食事前には2人で階段をかけのぼり「パパお早うございます、お先に頂きます」と言い、食後「ごちそうさま、行って参ります」とドタドタと音をたてて挨拶しに行ってから登校したが、いつも答えてくれて、うるさそうな顔をしたことがなかった。

時間厳守にはことのほか厳しく、父が在宅の日に学校の用事で帰宅が遅れ、出稽古で家に来て下さるピアノの先生をお待たせした時には、珍しく大変叱られ、学校の用事だったので仕方なかったという事情も言えなかった。待ち合わせに遅れたら大変で、歳とともに気短になり、晩年は言われた15分位前に行かないといけない程で、おかげで私も人と約束をして遅れることはほとんどない。

東京GC朝霞Cが出来た頃、クリスマスに姉と私の友達十数人くらいをクラブハウスに招待しクリスマスパーティをしてくれたことは前述したが（ターキー等で）、その時の私共の洋食のマナーをみてがっかりしたらしく、それからはほとんど毎週土曜日はレストランへ連れて行かれた。メニューも自分で選び、どんなお料理かわからなければボーイに聞くこと、自分のお皿にとったものは全部頂くよう教えられた。マンネリにならないよう、時々初めての物を薦められ、脳みそのフリッターを「気持ち悪い」と言うと「食べもしないでそんなことを言うものではない」と叱られたので、無理やり呑み込むしかなかった。焼き鳥屋で目の前で食用蛙をさばいた物を食べさせられたこともあり、そのお陰でどんな所でどんな食物が出ても平気な顔をして頂けるようになった。また、たまに外国へ行った時など今まで食べたことのないものを注文したくなるのも血筋かと思ったりするが、これは幸せなことだと思う（私は父と食べ物の好みは同じ。母と姉はさっぱり系が好き。アメリカ人の妻となった妹はやはり父と同じと思う）。

大人の付き合いとは別に家族でお呼ばれすることもしばしばあった。家の暮らしは中流の上くらいだったと思うが、お付き合いしていた方々には上流の方が多く、岩崎家、川崎家、相馬家、近衛家、前田家、細川家、藤田家など、ある時はパーティで、ある時は蛍狩りで、時にはゴルフ場の帰りに両親と一緒に、また、お友達として（前田さん・細川さんは両親も知り合い、お嬢さん方とは同級生）お邪魔し、素晴らしいお宅で遊ばせて頂いた。もちろん、言葉や礼儀作法はきちんとしなければならなかったが、学校でも厳しかったので、苦労はなかったし、後日どんな立派なお宅へ伺ってもプレッシャーを感じることがなかったのは有難いことだった。ただ友人の所、細川家、前田家、川崎家などへお呼ばれの時は、ハイヤーに女中が同伴で往復したが、いつも一番先に迎えの車が来てしまい、本当にがっかりしたものだ。お昼にお呼ばれしたら3時前に、お茶なら5時までに失礼するのが礼儀だというのが父の命令だった。

赤星家は一族が多く、1年に1度、5月の母の日には大磯に集まる慣わしになっており、祖母の誕生日を祝った（本当の誕生日は4月8日だったが）。あと、新年会でホテルへ集まる時とか、いとこたちの結婚式の時など、女学生くらいになると父からこのような集まりの時はいつも親しくしているいとこ達とばかりくっついていないで、色々な方とお話をするように言われ、いとこの披露宴の時など一人でお相手のいらっしゃらないおば様がいらっしゃったら、赤星家の家族の者として自己紹介してお相手するようにと言われ苦心した。お招きした方に楽しく過ごして頂くよう気を遣わなければいけないことを父は教えてくれたのだと思う。

姉と2人だけで大磯の祖母のところへ泊まりに行かされ、やはり話をするように言われ、学校のこと、家のことなど一生懸命話をし、また、祖母から昔のことを聞いたりした。今と違って祖母に対しては「おばあ様○○でございますか？」式のよい言葉遣いを心掛けたが、決して他人行儀ではなかったと思う。

戦前はどこの親類の家へ行っても、必ずお給仕の女中がおり、私共にも朝、昼、夜、部屋の隅にお盆を持って女中が控えていたので、自然に行儀良くしなくてはいけなかったわけだったが、使用人は両親が使っているものだから、私共が怒ったり命令することは許されず、何かして貰ったらお礼を言ったり、わがままを言ったら謝るようにと言われたものである。父は使用人を直に叱ることは決してせず、不都合なことがあると、お前の監督が良くないと母が叱られたもので、大変だったと思う。

ある面では厳しかったが、私が思ったことをすぐ口に出し母に怒られても、父は面白そうに笑っていたし、少女の頃、本は何を読んでもうるさく言わなかった。父はよく本を読んでおり、パール・バックの「この心の誇り」「大地」、マーガレット・ミッチェルの「風と共に去りぬ」やD・H・ローレンスの「チャタレー夫人の恋人」などを父から借りて読んだものだった。

父は、自分もよく遊んだだが、家族にも贅沢させてくれ、親類の者に言わせると姉と私は小さい時からレディのように扱われていたそうだ。銀座では小さい頃からベルモード帽子店で帽子をオーダーし、ヨシノヤの靴は常に学校の靴の他に3、4足はあった。また季節ごとに洋服屋を呼んで外出着の洋服をオーダーし、ホテルや良いレストランへ行く時、夜は必ず絹の洋服にエナメルの靴とうるさかった。横浜元町でも舶来の上等な衣類をよく買ってくれた。

銀座を歩く時はいつも父と腕を組んでいたが、芸者などと会うとあちらが挨拶し「今の方はどなた?」と聞くと平気で「あれは赤坂の芸者だよ」と教えてくれたものだ。お茶目なところもあって、わざと焼きいもを買い、私共がキャーキャー言って逃げると、追いかけてきて「食べろ食べろ」と言ったりしたものだった。

夏になると品川沖に舟を出し、釣りをしたり、船頭が揚げてくれた天ぷらを船上で食べたり、夏の夕方には、お弁当を料理屋に作らせ、それをもって舟でお台場のほうへ涼みに行くなど、よく遊ばせてくれた。在宅の日は夕食後、皆でトランプをして、この時ばかりは大騒ぎで父の悪口を言ったりしても嬉しそうに笑っていた。遊ばせ上手だったように思う。

食べることの好きだった父から、川崎肇氏の処ではマスクメロンが一人半分ずつ出るのだという話を聞き、私が羨ましがった時、すぐに母に「ミコ(私のこと)にメロン半分食べさせてやれ」と言ってくれた。一度だけだったが、あの時の嬉しかったことはよく覚えている。半分だとおつゆも外へ流れず、なんて美味しいのだろうと感激したが、これは父の甘い一面だったと思う。

台風の日など怖くて夜中に呼びに行くとホイホイと来て一緒に寝てくれたが、涙に弱かったらしく、母や私共が泣くと、とても怒られたので、父の前で涙を見せることは禁物だった。

父はお仕着せが嫌いで、自分でいろいろ新しいことを見つけ、それを実践した。これは経済力があったことと、ほとんど会社勤めをしていなかったからに他ならず、家族旅行にもよく連れて行ってくれたが、昭和の初めはまだそのような家庭は少なかった。昭和9年には松島へ、10年には伊豆大島へ家族旅行をした。船で大島へ行き、まだ三原山に砂漠があって「らくだ」と「馬」でその辺りを歩くようになっていた。母はらくだに私共は馬に乗った。帰りは下田へ船で渡り天城山の落合楼というところに泊まった。昭和11年には、往復10日間に及ぶゆっくりとした船旅で八丈島、小笠原諸島に行った。八丈島に上陸して、昼食に初めて「飛び魚」を頂いたり、おかずが足りなくて卵を頼んだが、「1個しかありません」と言われ、こんな所が日本にもあるのかと驚いたことが印象に残っている。その後小笠原諸島に移動し、父島に1泊、母島に1泊して、海水浴などを楽しんだ。水の澄んだ南の海では魚が泳ぐのがきれいに見え、母島では一家族ずつ民宿で、まだ電気がなく、夕刻になるとランプを灯してくれた。私共のために家の人が庭に実っているパパイアをスルスルと木登りしてとってくれて夕食時に頂いたが、とれたてのものがこんなにも美味しいのかと感激した。父島では、外国からの帰化人が大勢いたこと、小さいモンキーバナナ、植物のクロトン・ウドの大木・ガジュマルの木・タコノキ、メグロという目のまわりの黒い鳥などをはっきり覚えている。今テレビで小笠原諸島を観ると、まったく変わってしまい、今昔の感に堪えないが、それだけに戦前に良い経験をさせて貰ったと思う。あの頃の小笠原では写真を撮ることを禁じられ（軍事機密）、父島で軍艦の姿を見たのも後になって領けることである。このような時、父はたいてい友人のお子さん方（この時は高校生の坊ちゃん2人）を連れて行き、よく面倒をみたり、ご馳走したりしていた。また私共には「船の旅」ということで女の子なのに水兵の恰好をさせたり（こちらは恥ずかしくて迷惑だったが）、キュロットスカート等をあつらえるという凝りようだった。

以上が戦争前の父の姿で、私共を叱ることはほとんどなかったが、マナーには厳しく、人の悪口を言うと怒られ、父もまた自分では決して悪口を言わなかった。一緒に遊んでくれたし、サーカス・釣り・博覧会・映画・ラグビー・バスケットなど、外国から来るイベントも含め、いろいろと連れて行ってくれた。ユーモアのセンスも持ち合わせ、私達がかなり勝手なことを言っても笑っており、厳父というイメージの人ではなかった。とは言いながら、やはり怖い存在で、口答えなどは一生出来なかった。

ワンマンだったし、母を怒ったりする時、不合理なことと不満に思っても、黙って聞いているより仕方のない世の中だった。今思えば、ゴルフと遊びの罪滅ぼしに家族にもサービスしなくてはと父なりに一生懸命だったと思う。お陰で随分贅沢させてもらい、その時は別に何も感じなかったが、今では、お金で買えない良い思い出と言う財産を残して貰ったと思えるようになってきた。

昭和13年7月、13年ぶりに妹が生まれると溺愛し、喜介伯父も妹を可愛がり、よく3人で動物園や遊園地に行ったものだ。父の行く床屋「銀座米倉」へ一緒に連れて行ってカールさせたりで（昔は私共もさせられたが）、半ばペット扱いであった。

娘の縁談については母任せで、両親ともいわゆる良い縁談を望まずにいたが、偶然にも姉と私の主人は2人ともゴルフのシングルプレーヤーであり、婿には大変気を遣って大切にした。ただ娘を結婚させたすぐ後はいつも大荒れだったそうで、妹の時は靴箱の中に残っていた妹の靴を全部玄関にバラまいたと聞いた。このような形でしか感情を表せなかった父を何とも言えず可愛らしく感じる今日この頃である。

殊に隅田（私の主人）はずっと近くに居り、穏やかな人だったので、色々な用事も頼まれ、ゴルフ設計事務所の手伝いもしていた。暮れなど家のことを手伝っていると隅田を気の毒に思うのか、父は食事に連れ出してくれたりし、さらには自分の設計事務所の役員ということにしてずっと援助してくれていたが、それについて一度も恩着せがましい態度はとらなかった。

晩年、痛風が度々起こり、家に居ることも多く、狭い上に、お手伝いもパートなので緩衝地帯にはならず、いろいろ気になることが目につくようになったようだ。気も益々短くなり、母も歳をとってきて前のように何でも絶対服従は出来なくなり、口答えなどもするようになった。一方で父は寂しがり屋なので、そばに住んでいた私の家族は年中呼びつけられた。孫も含め、旅行、食事、ショッピングにはよく連れて行ったし、孫のために山のようなお土産（食べる物）を買ってきては、喜んで食べる姿をみて満足していたが、孫に対してもしつけは厳しく、礼儀が悪いとビシビシと叱っていた。レストランなどへ行っても、従業員の態度が悪いと怒るので、一緒に行く者がハラハラすることもしばしばであった。妹と同様、私の娘や息子も父の姿をみていたのが社会に出てから役立ったようで、いわゆる「うるさい人」とか「怖い人」と言われる方々に会っても平気で、こちらがきちんとしたことをしていれば決して怖くもうるさくもなく、むしろ良い方が多いと言っている。私が結婚する前「私はパパのようなワンマンで女を使いまくる人は嫌」といった時、ニヤニヤしながら、そばにいた伯父に「我々は良い時に結婚しましたね」と言っていたので、父は自分のことを結構わかっていたのだと思う。

ゴルフ場に連れて行ってもらったのは小さい頃で、一番よく行ったのは藤澤ＣＣだったが、私共だけでクラブハウスへ行く時も、ティーショットやパットをしている方がおられたら立ち止まって静かに見守らなくてはいけなかったし、クラブハウスでもおじ様おば様とはお行儀よくお付き合いするようしつけられた。ゴルファーは皆さん素晴らしい方々で、これらも教育の一つだったのかもしれない。

昭和13年に妹が生まれた年の夏休みは大阪の母の実家にひと夏滞在した。祖父や叔父達にあちこちに連れて行って貰ったが、その時横浜から神戸まで欧州航路の大洋丸（戦争中撃沈された）に乗せてくれた。小笠原へ行った時より大きな船で、本格的な船旅も経験出来た。

映画は洋画に行くことが多く、父は下に日本語の字幕が出る前に大きな声で笑うので恥ずかしかったが、英語のジョークやシャレがわかっていたからと思う。これも小さい頃の懐かしくも恥ずかしい思い出である。

7 食べること

　戦前の父はゴルフが生活の半分以上を占めていたと思うが、晩年の父は「食べることが生き甲斐」ではないかと思うくらいであった。大体赤星家の人間は頂くことにはかなり情熱を燃やしていたし、それは我々にもしっかり受け継がれている。歳と共に、また戦争という時代があったために、いろいろと中身は変わってきたが、ほとんど父の傍にいた私は興味深く眺めていたし、食べ物で父を思い出すことも多い。

　前にも書いたように鳥居坂にはコックがおり、和食・洋食を一日おきにプロの味で育ち、アメリカでもたっぷりお小遣いがあって一流のレストランやホテルへも不自由なく行け、帰国後もお金に糸目をつけず食べ歩くことが出来たのだから、父は大変な幸せ者だった。

　母の話によると、結婚するとすぐに英語のお料理の本を渡され、その中のものを作るよう要求されたが、当時は材料で売られていない物も多く、苦労したと言っていた。和食は鳥居坂から来た料理上手の女中がおり問題なかったが、その頃の父はお刺身や煮物などに興味はなく、洋食の肉や魚の料理にかけるグレービーソースやローストチキンのスタッフィングなどに拘っていた。新婚当時「マシュマロソースを作れ」と言われ、知事の娘とは言え、地味な役人の日本風な家庭に育った母はまだ19歳だったので、大変だったと思う。

子供の頃は大人と子供は別々に食べさせられ、私共の朝食は小さい時はオートミール、クリーム・オブ・ホイートなど洋風だった。

父は朝食をベッドの小さいテーブルでとっており、はじめは洋風だったが、和食の時代もあり色々と変わっていった。戦争中、使用人が徴用にとられ、人手不足になった頃から食堂で頂くようになった。

昭和の初めはゴルフ関係の仕事が主で、その帰りはお茶屋へ行っての外食が多かったが、時々父が夜、家で食事をする時は、大変なご馳走だったのを覚えている。ただしなかなか美味しいとは言わず、母はたびたび、工夫が足りないと小言を言われ、よく嘆いていた。

食事に連れて行ってくれるのは年中で、家族は勿論、親類や知人も連れてぞろぞろと出掛けた。美味しい所を探すのも上手で、高級レストランやホテルばかりでなく、まだ店が本当に小さかった頃のローマイヤに目を付け、アイスバインや生ソーセージ、ザワークラウトなど、その頃珍しかった物を皆で楽しく頂いたものである。その後店は地下に移り、今ではすっかり有名店になってしまった。お寿司は、初めは新富寿司、後には久兵衛が気に入って、そこでは吉田茂氏はじめ（後で知ったが）有名な方々にお目にかかった。銀座マツダビルのニューグランドは夜になるとレストランのある上の階が青赤黄と外から見ると三色に変わり、中ではいつもオーケストラの演奏があった。このような所やホテルへ行く時は子供でもおしゃれをして行ったものである。ここかしこで父の知人にお目にかかることが多く、その頃の顔の広さは大変なものだった。

日本料理屋へもたまに連れて行かれた。小さい氷柱がたっている器に一人前ずつ「あらい」が盛られていたり、池の鯉や、庭を走り回ったことくらいしか覚えておらず、全然有難いと思わなかった。

その他、浅草の焼き鳥屋、天ぷら屋、うなぎ屋では六本木の大和田、銀座の竹葉亭と幅広く、勿論オーダーの仕方から礼儀・服装までそれぞれの店に相応しいものをいつの間にか教えられていた。

前にも書いたが品川沖へ舟を出し、釣られた魚を天ぷらに揚げて貰って頂いたり、夕涼みに行く時はお弁当を作らせ、時にはそうした所に芸者が来たこともあった。ゴルフ場では駒澤、朝霞、藤ヶ谷（武蔵野）、仙石、藤澤の食堂にも行った。父ばかりでなく伯父達たちにもほうぼうへ連れて行って頂き、銀座で食事の時はその後の銀ブラが楽しく、お茶を飲んだり、ちょっとした物を買って貰ったもので、むしろ食後のほうが嬉しかったように思う。

父が家に居て、何か食べたくなると、突然店屋物を頼むこともあった。霞町の末広という鳥屋の料理や小さい中華料理店の焼きそばをとったり、夏は女中に近くの氷屋のかき氷を大鍋に買わせて、缶詰のゆで小豆と共に皆で頂いたりした。暑い日には急にコールドミートが食べたくなったと言い出し、私共を連れて車でローマイヤへ買いに行ったこともあるなど、とにかく食べることに関してはとてもマメだった。

戦前戦後を問わず、旅行へ行った時には山のようなお土産で食料が半分以上を占めていた。

ひと頃川崎肇氏が社長の藏王鑛業の重役をしていて、たびたび山形の上山へ出張していた頃は、その度に山形の名産の果物を持ち帰ってきた。ブドウもリンゴも沢山の種類があり、サクランボ、ラフランスなどは本当に美味しかった。サクランボはクキをくわえ手を使わないで食べる方法を教えてくれて、姉と私はキャーキャー言って争って食べたものだった。父はそれを嬉しそうに見ており、親類にもよくあげて、皆さんに喜ばれることに幸せを感じていたが、このような遊び心もあった。

関西京都のお土産は季節によって筍、松茸など様々であった。「いづう」の鯖寿司は今のものの3倍くらいの厚みのある鯖だったので、子供にとってはしつこ過ぎ、ご飯のほうが美味しいと思ったものだ。岸澤屋の黒豆は、あまり豆の好きでなかった父も私も喜んで頂いた。また、父の好物のすぐき漬け、千枚漬けなどのお漬物、笹カレイはよそから頂く関西のものより美味しく、母から後で聞いたことだが、お茶屋を通して買うものはお値段が高い代わりに特別のお店のものだったそうである。

今はどこでも買えるお漬物もたまに頂く。岸澤屋の黒豆も「いづう」の鯖寿司も父を思い出す「よすが」となり、懐かしく感じるが、食物とは思い出を引き出すものだと改めて痛感している。それにしても昔は量が多く、また、父や伯父・叔父達は大食いだったと思う。大和田へ行ってもあまりきれいなお店でなくてがっかりしたが、うなぎは美味しかった。卵焼きとかいろいろ出た上に、かば焼き、白焼きと次々と出ておかみさんが「六郎様はかばやきを必ずお代わりなさいますよ」と言ったことを不思議に覚えている。

私が初めて枝豆を頂いたのは銀座の竹葉亭で、父がビールのおつまみにとったのを分けて貰ったと思うが、「お腹を壊すといけないから、薄い皮はとっておあがり」と言われた。その時の美味しかったことは今でも忘れられない。コーヒーも大人になるまで飲むことは許されなかった。

恵まれた食生活を送った我が家も戦争の食糧難という試練に立たされたが、父の食糧品集めの腕は大したもので、ゴルフ関係者はもとより顔が広かったので色々な方々とのコネで助かった。程ヶ谷CCのマネージャー「かくだ」さんは空襲下の東京に度々食料を運んできて下さった。母も自分の着物を差し上げたりし、喜んで頂いたが、この時の親切は一生忘れられない。

虎屋の黒川氏には、父が作らせた特別な杖を差し上げたこともあり、戦争中でも羊羹を下さった。東京倶楽部のコックからラードを石油一缶も都合して頂き、その他六郎叔父がブリ一匹とか小麦粉、野菜を運んでくれた。昭和18年頃はまだ藤ヶ谷（武蔵野CC）でゴルフが出来たし、千葉県は食料も豊富で、父がゴルフから帰るとキャディバッグやボストンバッグから沢山の食糧が出てきて、歓声をあげたものである。またわざわざ親類の者達と松戸の料理屋へ食べに行ったこともあった。戦後の日本でかような話をしても、この頃の大変だった様子をわかる人が段々少なくなってしまった。終戦の一年後、父が満州から引き揚げてきた頃、日本はお金さえ出せば色々なものを買えるようにはなっていたものの、まだ十分とは言えず、満州から引き揚げ、行く所のない家族をしばらくおいてあげたり、お世話をしたりと大変な時代だった。私共は二宮に疎開しており（於六郎叔父の家）衣類との交換で毎日牛乳は一升瓶1本を農家から貰うことが出来たし、魚や野菜も入手出来、当時としては恵まれていたと思う。

父が帰ってきてからはアメリカ人との交流も始まり、昔のアメリカの知人からも衣類や食料が送られてきたし、在住のアメリカ人からも時々珍しい食料を手に入れることが出来た。後になればあまり美味しいとは言えない缶詰やケーキミックスなども感激して頂いたものである。終戦時はお手伝いも一人位になり、父も戦前に比べて家で食事をすることが多くなったが、食べることが大好きな父は、テレビ購入後のことだが、料理を紹介する番組などを観ては母にすぐ作るよう命令し、常に新しい料理を求めていた。母はさっぱりしたものが好きで、食べる量も余り多くないほうなので、食事作りは大変だったようである。

好きこそものの上手なれという言葉通り、鵠沼へ移った後は、藤沢や湘南辺りで美味しい素材や料理、お店を見つけては、買ってきたり皆を連れて行ったりした。

昭和30年代位にはゴルフのお仲間で遷延会（せんえんかい）という会を作り、美味しくて安い処を見つけては次々に皆さんと訪れていた。千円の会費で、父は幹事役だった。佐伯氏（横浜シネマ）、赤星平馬氏（小岩井農場）、岩崎恒弥氏らがその会のメンバーだったと思う。

やがてゴルフブームの時代になって、父が各地でゴルフ場を設計するようになると、現地へ工事を視察に行ったが、帰りに山のようなお土産を頂き、自分でも買ってきた。現地ではゴルフ関係の人を連れては食べ歩いていたようで、九州では生きた白魚を誰にでも食べさせ閉口した人も居たと聞く。九州では2つくらいゴルフ場を設計したので、鶏卵素麺・鶴乃子などと共にふぐを持ち帰り、その時は電話で我々も集められ、ふぐ刺し、ふぐちりを頂いた。馬刺しも食べさせられたし、とにかく自分ばかりでなく、家族に食べさせ、喜んで食べるのを見るのが大好きだった。

歳と共に日本料理も好きになり、煮物、煮魚、あえ物なども好むようになり、嗜好が変わっていった。

お正月の鹿児島のお雑煮は、干し車海老を大晦日の夜、水につけ、元日の朝それを煮出してお出汁を作り、あと小松菜、八頭、お餅の入った物だったが、戦争中から長い間、干し海老は手に入らず、随分後になってからやっと買えるようになった。それまでは鳥などを代わりに使った関東風のお雑煮にせざるを得なかった。

お三品（数の子、ごまめ、黒豆）、おなますにぶりの昆布締め二切れ（おなますは二山に盛られブリは二切れときまっている）と食べ切れないほどのお口取りがすべて一人ずつお膳のお皿に盛られていた。その他、父はお春羹《しゅんかん》が何よりも好きで、喜んで食べていた。

これは鹿児島料理で猪の肉と大根をコトコトと長時間煮たもので、猪が手に入らなくなると豚の三枚肉で作っていたが、母は調理中の臭いが嫌だと言って決して食べなかった。

昭和30年代後半だったと思うが、たぶん甲府のゴルフ場を設計していた頃の暮れに父の家に行くと、母が「裏庭へ行ってごらんなさい」と意味あり気な口調で言ってきたので、行ってみると何と猪が一頭横たわっていた。父から猪の肉が手に入らなくなったことを聞いたゴルフ場関係の甲府の方が山で獲った猪をそのまま一頭贈ってくれたもので、父は大喜びだった。素人では何も出来ないので、当時大磯に住んでいた従兄（鉄馬の長男・猪一）にさばいて貰ったが、終戦まで朝鮮の成歓《せいかん》牧場という赤星家の牧場を経営し（200人くらいの使用人を使い、ひところは馬も飼っていた。昭和天皇のお乗りになった馬の一頭はここの出身。果物も成歓真瓜《せいかんまっか》と言うマクワウリ、メロンなども作っていたが、敗戦ですべて接収されてしまった）、大学も農学部を出た人なので、猪をさばくのはお手のものだった。道具も持参で、皮をはぎ、肉も親類中に分けるようにしてくれた。喜介伯父は頭をリュックサックに入れて帰り、石油缶に入れて庭で炊きヘッドチーズを作ったそうだ。皆それぞれに喜々として猪の肉を持ち帰り、それを喜んでいる父の姿に、改めて赤星家の食に対する執念深さを知らされた思いだった。

日本では昔は四つ足の動物は食されなかったが、鹿児島は中央政権より遠かったし、外国の影響も受けていたので、猪とか豚なども早くから食べていたのだろう。「豚骨《とんこつ》」という骨つき豚やお野菜（人参・ごぼうなど）を味噌味で煮たもの、さつま汁と言う鶏肉入りの（やはりお野菜がたくさん入った）お吸い物かお味噌汁もあり、四つ足の動物のお料理がかなりあった。

若い頃は余り頁かなかった日本料理も歳と共に父は好むようになり、鹿児島の酒寿司は晩年春になると母に作らせ、兄弟を招いてひとときを過ごすのを楽しみにしていた。初めのうちは、東京に売っていないので、わざわざ鹿児島から地酒を取り寄せたものだ。鯛のおさしみ、えび、筍、蕗、きくらげ、椎茸、蒲鉾、卵焼き、山菜など春の味覚にあふれた地酒入りのお寿司で、塗りのおすし桶に作り、蓋をして重しをしておくと、お酒が上がってきて、食べ頃になる。いつも午前中に年上の従姉（鹿児島に育った）が手伝ってくれたが、勿論私も召集された。あとは鯛の潮汁とか、つけあげ（薩摩揚げ）なども登場したと思う。

父の元気な頃は近くにいた私共の家族はよくほうぼうへ連れて行って貰い、横浜は戦前戦後ともよく行った。戦前、中華料理は、洋服を作らせていた隆新《ロンシン》などに頼み、我々の知らない美味しいお料理を注文しておいて貰い、戦後は鴻昌《こうしょう》（今はありません）へよく連れて行ってくれた。今は中華街もマスコミで騒がれ、味も落ちてしまったが、昭和30年代頃までは、まだお店もきれいとは言えず、店員が下駄をはいて走り回っていた。お手洗いもすごく怖い感じのつくりだったが、この頃の鴻昌は本当に美味しかった。当時の父のチョイスの良さは後日、私の娘や息子とも思い出しては感心している。横浜のホテルニューグランドにもよく連れて行って貰った。親類、知人が外国へ発つ時の見送り、また帰国時の出迎えの都度ほとんどニューグランドを利用したので、今でもとても懐かしい。最近では、すっかりリニューアルされ、昔の面影が少なくなったが、仕方がないと思う。

父も段々歳をとってきて家に居ることが多くなると、自宅での食事にも変化を求めるようになり、朝食でも和食洋食風、それも毎日出来ればば変えて欲しくて、パン、オートミール、コーンフレークス（ミルクと沢山缶詰の果物等の入った）、パンケーキ、ワッフル、ホットビスケット、マフィン、卵もベーコンやハムと目玉焼き、スクランブル、半熟オムレツ（これがまた煩くて）という具合。母も歳をとってきて、三食の父の食事の準備にはうんざりしていたようだが、それでも5品位は作っていた。

このような父を見て、妹などは「食べるだけが生き甲斐の人」と笑っていたが、レストランなどでも戦後は使用人の教育が昔のように行き届かなくなり、また、なかなか注文したものが出来なかったりすると憤然と席を立って帰るので、一緒に席についている我々は、父がイライラしてくると話題に苦労し、気をそらそうと苦労し、遂にそれも空しく堪忍《かんにん》袋の緒が切れると、父の後について面を伏せながらそこを出なければならなかった。

戦前も気が向くとアメリカ時代を懐かしんで感謝祭の日にパンプキンパイを買ってきたりしたが、戦後昭和30年代に入ってからは、感謝祭とクリスマスには小岩井農場で飼育された七面鳥のローストを赤星平馬様か岩崎様のお世話で譲って頂き、私共の家族も一緒に（姉の家はその頃芦屋だったので後年参加）祝った。メニューも早くから父が自分で決め、グレービーとかスタッフィング、クランベリーソースなどその度に大騒ぎして準備せねばならず、私はいつも朝から手伝いで大忙し。子や孫が食べていると（男は別に食べていた）ノコノコやってきては「おいしいか？　おいしいか？」と声をかけながら食べ具合をみて満足していた姿も懐かしい思い出である。

父は、クリスマスには、その頃まだ日本にはなく、アメリカの知人から送られてくる果物の沢山入った缶入りのクリスマスプディングを楽しみにしていた。母に作らせたブランデーソースをかけて食べ、我々は生クリームのクリスマスケーキを頂いていた。

晩年は高血圧、心臓病、糖尿病、痛風等で食事も制限され辛かっただろうと思うが、私共よりはいつもご馳走を頂き、サラダなど野菜も努めてとってはいたが、夕食は肉や魚におつゆ、三度三度デザートにフルーツ、昼と夜はケーキ・和菓子などもしっかり食べていた。お酒は夕食の前に飲み、皆と一緒に食事をしたが、早食いで（赤星家は全員そうである）あっという間にすんでしまった。

父の死後、日本も高度成長を遂げ、巷で日本国内のものは勿論世界各国のものがほとんど手に入るようになった。昔は珍しかったものも簡単に手に入るようになった代わりに、老舗では支店が出来たのは良いが味が落ちた所も多く、懐かしいと思って食べては「こんなはずではなかったのに」と思うこともしばしばである。

私が22年前（昭和47年）に元町（横浜）近くに移ってきたのも、父に連れられて何度も来たのが懐かしかったからであり、その後元町で父の好きだったものを見つけては「父に食べさせたかった!!」と何度思ったかわからない。

父の最後の日の朝、母の作ったスープのお代わりを頼み、それを待っている間に容体が急変し、付き添いの者に呼ばれて母が飛んで行った時にはこと切れていた。美味しいスープを飲むのを楽しみに待ちながらあの世へ旅立ったのは父らしい最期だったと思う。

父が居なくなってから随分色々な方（例えばいとこのお嫁さんのお母様など）からお父様にこれこれをご馳走になりましたと伺ったが、お目にかかってお話をしているうちにすぐ「今度どこそこへ行きましょう」ということになり、かようなお約束は必ず果たしたと思う。父は、本当に食べることも人に食べさせることも大好きで、ゴルフと同じ位、食べ物には情熱を傾けた人だったと思う。

- **ローマイヤレストラン銀座店**／1925年創業
【現在】銀座で絶品ローストビーフを堪能するならここ。銀座駅から徒歩1分。
- **新富寿し〈銀座〉**／1927年創業
【現在】2017年閉店。作家・池波正太郎も好んだ本格江戸前寿司店。
- **銀座久兵衛**／1935年創業
【現在】にぎりや鮨懐石が楽しめ、魯山人のミニギャラリーも併設。新橋駅から徒歩5分。
- **マツダビル レストラン・ニューグランド東京〈銀座〉**／1934年開店
【現在】1975年閉店。横浜のホテルニューグランドが、1934（昭和9）年に数寄屋橋のマツダビル最上階の8階に「レストラン・ニューグランド東京」を開店。数多くの一品料理を扱う店だった。マツダビルは現在の「東急プラザ銀座」。
- **鰻割烹 大和田〈新橋〉**／1893年開業
【現在】うなぎ屋の老舗。甘口のタレでふっくら香ばしく焼き上げたうなぎは美味しさ格別。新橋駅から徒歩5分。
- **竹葉亭本店〈銀座〉**／1866年創業
【現在】100年以上継ぎ足しをしている秘伝のタレを使用したやわらかいうなぎ丼ももう一つの名物として鯛茶漬けも絶品。東銀座駅徒歩5分。
- **霞町 末広**／詳細不明
- **祇園新地 いづう〈京都〉**／1781年創業
【現在】鯖寿司は「ハレの日の食べ物」や「ご進物」として京の家庭で食されてきた。鯖寿司の専門店として素材や製法にこだわり、鯖寿司を通じて京の食文化と伝統を今に伝える。
- **岸澤屋〈大阪〉**／1948年創業（商店として）
【現在】80年の伝統の技でまろやかな味と香りの黒豆と煮豆、珍味や黒豆甘煮の品々を真心込めて丁寧に仕上げている。江戸時代から旅館を営んでおり、黒豆の人気は当時から続いている。
- **虎屋〈赤坂〉**／室町時代後期創業
【現在】代名詞ともいえる羊羹をはじめ、最中、饅頭など上質で洗練された和菓子の老舗。販売店や菓寮、ギャラリーなども運営している。赤坂見附駅より徒歩7分。
- **隆新〈横浜〉**／創業年不明
【現在】2006年閉店。ひとつのビルにテーラーとレストランがあり、レストランでは中華料理が提供された。ビルの外観も店内も洒落た造りになっており、上品な雰囲気のある店だった。
- **鴻昌〈横浜〉**／1946年創業
【現在】2006年閉店。横浜中華街の有名店で数多の人々の思い出の中華料理店として心に刻まれた。
- **ホテルニューグランド〈横浜〉**／1927年開業
【現在】歴史あるクラシカルな西洋スタイルのホテルの代表格として、世界のVIPも数多く宿泊している。「ここが発祥」というレストランでの料理がいくつも存在する。元町中華街駅より徒歩1分。

8 おしゃれ

父は歳をとるまでずっとお洒落だった。

小さい頃は着物を着ていたが、西洋文化の波を受け、赤星家では割と早くから子供に輸入品の洋服を着せ、小さい頃はそれが恥ずかしくて嫌だったようだ（歴史は繰り返し、私共も人と変わった物、それが大人にとってはお洒落で高価な物であっても、着せられるのは迷惑だったので、よく理解出来る）。

アメリカに居た頃から新婚時代にかけてはとてもスマートで、洋服をお金に糸目をつけずに買っていたし、よく身に着いていた。年上の従姉達に言わせると、喜介伯父も父も目立って素敵だったそうである。

新婚時代にスタンダード石油へ勤めていた時は当時の二等車（現在のグリーン車）で横浜の会社へ通い、月給は全部お小遣い、生活費は本家から執事が毎月５００円持って来たそうである。当時一流会社社長の月給が２００円位だったそうで、５００円と言えば大金だったが、毎月家計は赤字だったと母が言っていた。アメリカ留学中、毎月2000円位仕送りがあったそうなので、500円では足りないのも頷ける。新婚早々エナメルの裏が絹のブーツを誂《あつら》え、その請求書が150円だったことにびっくりした母が祖母のところへ飛んで行ったそうで、「四郎は本当に困った人ね」と支払ってくれたとか。とにかく金銭感覚ゼロの人だった。

結婚当時ペアのパジャマを作らせたが、これもその頃としては珍しかったと思う。その後、次第に太ってきたが、赤星家の人間は手足が細く、父は靴も足袋も既製品を履くことはなかった。洋服は通常横浜の中国人、隆新《ロンシン》に注文していたが、ゴルフのプロが着ていたズボンが恰好良いのに目を付け、この時は一時プロゴルファーだった石川という人に作らせていた。

靴は「フタバヤ」、帽子は「トラヤ」、ネクタイなどは「田屋」(いずれも銀座)、足袋はオーダーメイド品を母と同じ赤坂の「近半」という足袋屋で買っていた。父の特徴は何でも一つだけ作ったり買ったりすることはなく、いつもまとめて購入していた。下着類も全部誂えていたし、買い物が好きで銀座や元町(横浜)で自分の物は勿論、母や私共にも輸入品の上等な物を買ってくれた。母も勿論着物や洋服など良い物を十分に身に着けており、夜のお呼ばれで両親が出かける時の姿は、子供の目からみても、父は立派だし、母は綺麗で、誇らしく眺めていたものである。

父は着物も正装用から紬《つむぎ》などのお遊び用まで箪笥一棹《ひとさお》持っていて、お茶屋へ行く時とか外国のお客様の接待、また太ってフォーマルな洋服がきつくなった時などに着ていた。

40歳を過ぎた頃からだんだん日本風になり、洋間に畳を敷いて寝床で寝たり、浴衣にどてらという姿が家の中では多くなってきた。太ってはいてもセンスは良く、ダイヤモンド入りのカフスボタンとかスカーフ、アスコットタイなどの小物を上手に組み合わせていた。歩き方にもうるさく、年長の従姉（山路様）が外交官夫人としてアメリカへ行く時は叔父様方に、「歩く姿勢を良くするため、頭に本をのせて歩く練習をしなさい」と言っていた由。私共にも畳のへりを真っすぐ歩くようにとよく注意していた。

今はLサイズも豊富にあるが、戦前は輸入品か誂えるしかなかった。ネクタイ、サスペンダー、ベルト等も長いものが必要だったし、その頃中流以上の家では大人・子供用とも洋服は誂えるのが当たり前だったと思う。洋服屋、呉服屋、足袋屋、宝石屋など皆家にきて注文をとっていたものだ。

洋服ばかりでなく、父はゴルフトーナメントのカップのデザイン、カバン類なども自分で描いていた。銀座の宮本商行にはよく出入りし、カップをはじめアクセサリー（ペンダントトップなど）を作らせていた。化粧かばんは、旅行に行く時いつも持っていったが、銀製でS・Aのイニシャル入り、化粧品の容器には櫛《くし》、鬢《びん》（ヘアートニック、オーデコロン入れなど）が入っていて、よく覚えている。子供ながら父はお洒落だと思った。

前にも書いたが、小笠原諸島旅行の時の私共の服装も海の旅にふさわしくセーラー服にラッパズボン、セーラーキャップだった。その時持って行ったトランクも、ベージュとこげ茶のツートンカラーで小さめの金属製（ビョウを打ってある）。これにイニシャル入りという凝りようで、私共は恥ずかしかったが、父は持ち物も含めたトータルのお洒落をした人だった。

終戦後、占領下の日本で外人が父の着ているジャケット（英国生地など）を欲しがったというのも、父の洋服がアメリカ人にも素敵に見えたからだと思う。

戦前、京都などへ遊びに行くと、必ず母に上等な着物を買って来た。後年母が「パパは遊び過ぎたと思うと、ママにお世辞を使って上等な着物を買っていらっしゃったので、すぐ魂胆がわかったのよ」と言っていたが、母にすれば痛しかゆしだったのだろう。家族の者にもきれいにして欲しいと思っており、年頃になった私共を一応常識として歌舞伎や新派、文楽などに連れて行った時、着物を着せて歩くのが嬉しかったようだ。

女学校になって帽子屋のベルモードで、もう品物（殊に輸入の）が少なくなった時だったが、ノックス（KNOX）の赤い帽子を買って貰った時は、大人扱いされたようでとても嬉しかったのを覚えている。子供の頃は、友人の多くが被っている普通の帽子が羨ましかったが……。

戦争後は父も贅沢出来る身分ではなくなり、前のように沢山誂えることは出来なくなったが、それなりにお洒落をしており、還暦の時には、子供達から赤いズボンをお祝いにあげて喜ばれた。

その後父も少しは痩せてきたし、Lサイズも日本で多く作られるようになったが、相変わらず一緒に銀座などへ行くと衣類・小物などを買っていた。

鵠沼にいた頃よく「お父様って素敵な方ね」などと言われると「まさか!!」と思っていたが、どなたとでも顔見知りの方には帽子をとって「こんにちは、どう？　お元気？」という感じでニコニコと挨拶する人だったので（後で聞いてみると、半分くらいは名前を知らなかった）、他の方には良く見えたのかもしれない。

藤沢から一緒に上京する時には二等車（1960年以降は一等車。現在のグリーン車）に乗せてくれることもたびたびだったが、顔が広くて必ず5、6人は知っている方がおられた。大きな声で話をし、何かと目立つので、なるべく離れたところに座ったものだったが（結婚後も）、ついこの間も往年の女子ゴルファー西邑《にしむら》ご姉妹の財部《たからべ》様が「昔のおじ様方は本当の紳士で、マナーには厳しかったけれど、親切で優しく、今はあの頃のような男の方はいらっしゃらなくなったわね」と言って下さった。外での父や父の友人のおじ様方は、本当に洗練された紳士だったのかもしれないと、今になってみると、改めて思う。私は辛かった戦争という時代の後、サラリーマンの妻となりいろいろな事情で貧しい生活を余儀なくされたが、子供の頃の豊かな思い出のお陰か、卑屈になることもまた人を羨ましいと思うこともなく、過ごしてくることが出来た。これも両親の愛情とお金で買えないものを与えてくれたからと感謝している。

父が外出する時、アメリカの上流の人がしていたように家の中から靴を履き、戦前は母や私共、女中達に紐を結ばせていたが、戦後は紐のない靴が多くなり、一人で履いていたような気がする。

おしゃれに着こなしたスーツと
ヘリンボーンのコート（四郎）

9 友人

私が子供の頃（昭和初期）から亡くなる昭和46年までの父の沢山のお友達、親しくして頂いた方々の中で、私の存じ上げている方はほんの一握りである。どの程度のお付き合いだったかわからないことが多いが、その中身は時代と共に色々変わっていったと思う。

ゴルフを盛んにしていた頃のお友達、終戦後鵠沼に移った後に親しくなった方、逆に疎遠になった方、ゴルフ場を設計する頃お世話になった方々等々居られるが、前に書いたように、父がお付き合いをしていたおじ様方は、財部様（旧姓西邑様）がおっしゃったように、今考えてみても本当の紳士だったと思う。よく父が「あの人は人品骨柄が優れている」と褒めていたが、ほとんどの方がお上品で礼儀正しく、ユーモアもあり、魅力を備えていらっしゃった。

小さい時には時々ゴルフ場に連れて行って貰い、多くのおじ様・おば様方に可愛がって頂いた。写真をみると写っておられる方々は皆さん父のお友達だったと思うが、こちらは小さかったので、私共がクラブハウスや練習場で遊びながら父を待っていると声をかけて下さったこと位しか記憶になく、お名前はわかってもお顔ははっきり覚えていない。

昭和9年頃藤澤CCがオープンし、父がそこの設計料として貰ったと聞いているが、3番グリーンの小さな門から出てすぐの所、御嶽山上にクラブハウスと同じくレーモンド氏が設計された山荘が出来、夏はもっぱらそこで過ごした。父はほとんど毎日ゴルフをし、私共も毎日クラブへ遊びに行っていた。時々午後になるとキャディが「今日、何人お客様です」と伝えにきたが（父は電話嫌い。決してかけなかったので）、その後は大騒ぎで、母は女中を使いに出し、大急ぎで準備していた。何しろ山の上で水道はないし、当時の藤沢では材料を揃えるのも大変だったと思うが、日が暮れるとおじ様方がいらっしゃってお酒盛りが始まる。話が面白く、何かと賑やかで、嬉しかったものだ。阿部芳郎様は一見怖そうに見えるが面白い方。犬がお好きで、後日ワイヤー・ヘアード・フォックス・テリアやダックスフンドを頂いたし、絵もお上手で、マッチの燃え殻で陳さん（熊野様）と言う方のお顔を写生なさったことを不思議に覚えている。阿部様には弟様が居られ（双子ともうお一人の3人）、皆さん動物好きで、よく似ていらっしゃり、体格ががっしりとしておられる穏やかな紳士だった。岩崎恒弥様はお酒が入ると横にお歩きなるところから「かにおじ様」とお呼びしていたが、帰りに階段を降りるのが危なくて、姉と両方から支えて差し上げたものだ。鵠沼にお家を借りていらっしゃって、お呼ばれし、おしとやかでお優しいおば様と母もお友達で、楽しく過ごさせて頂いた。この方も終戦後鵠沼にお住まいになったため、終生お親しくした。珍しい物が手に入ると必ずお届けし、またあちらからもよく頂いていた。藤沢駅でもよく私もお目にかかったが、母が「紳士中の紳士」と絶賛していた。岩崎財閥のご子息でありながら、威張ったり偉そうにすることはなく、戦後は昔に比べると本当にご質素なお家にお住みになっていらっしゃった。父が一番長い間お付き合いした方ではないかと思う。

熊野様は台湾の財閥の方で慶應義塾ご出身。その頃は陳様とお呼びしていたが、やはりお仲間の一人で、父が台湾にゴルフ場を設計した時などにお世話になった。私はその後小守マッサージ（小守様は元巨人軍のトレーナー）で度々お目にかかったり、父の本を書かれた早瀬氏が熊野氏のお話を伺いたいと希望され、交詢社でご紹介した時に再会する機会を得られた。「台湾へ行く前に、博多で初めて四郎さんにふぐを食べさせられた」と言っておられたが、身に着けていらっしゃる物が父の物に似ていて懐かしく思った。お静かな方であった。

橋本寛一様は（日本石油社長のご子息でやはり日石の取締役・監査役をされた）「ハシカンさん」と皆に呼ばれており、我々も「ハシカンさんのおじ様」と申し上げていたが、子供ながらにお洒落でハンサムな方と思っていた。この方も終戦後片瀬にいらっしゃったため、度々お目にかかったが、お年を召してもお洒落さんだった。あと益田様は皆さんが「タヌキ、タヌキ」と言っておられ、我々も（今にして思えば大変失礼ながら）「タヌキのおじ様」と呼んでいた。やはり藤沢によくいらっしゃった。

藤田耕二様は「藤田のコウちゃん」と呼ばれ、割と父とお親しかったらしく、そのお兄様のお家（とても広く山あり池ありのお邸）に家族で蛍狩りにお呼ばれしたことがある。佐々木久二様は、幼稚園を経営しておられ、私共も何回か伺った。おじ様は色が黒い方、おば様はお首が長くすらりとされてお2人とも良い方だった。

満州のお友達のご息女をお預かりしたが、そのお友達が昭和9年頃に妙高池の平で楽山荘というスキー宿を始められ、お誘い頂いたので、石井光次郎様のご家族（光次郎様、ご長男、ご次男大二郎様、次女好子様（後にシャンソン歌手になられた石井好子様）とうちの家族4人に川崎肇様のお嬢様2人（次女多美子様、三女芙美子様）に声をかけ、暮れからお正月にかけて滞在し、スキーを楽しんだ。石井のおじ様はスキーがとてもお上手で、休んでいる時、パインアップルの缶詰を開け、子供達の間を滑って一人ずつ口の中へスプーンでパインを入れて下さった。石井家とは3年間位ご一緒にスキーに行き、遊んだが、その度にどなたかお誘いし、野村駿吉様（喜介伯父の義兄）のご長男、三男松方亮様、鉄馬伯父の家族（伯母と4人のいとこ、次男弥次、四男三弥、五男清造、次女繁子）と一緒のこともあった。

2度目の時は、「ゴルフ」の編集長小笠原勇八氏がスキーがお上手ということで付いてきて頂き、皆がご指導を受けた。当時はリフトもなく、毎日スキーにアザラシの皮（シール）をつけ、列になってジグザグに茅場《かやば》まで登った。山小屋で初めて食べたカレーライスに感激し、食後滑って降りたが、子供は1日1回のみで、リフトもなかったのであとはゲレンデで滑っていた。お正月の2日には皆でお書初めをし、演芸会もあって、おしるこが出たりした。石井好子さんは、まだ女学校低学年だったが、声はその頃からきれいで「兎追いしかの山」と「ふるさと」を上手に歌われた。私共は、佐々木家にホームステイしておられた馬遅伯昌氏（後に華都飯店を経営、お料理の先生）をボアさんと呼んでいたが、その方に教えて頂いたボートをこぐ歌を中国語で歌った。田英夫氏もお父様の田誠様と来ていらっしゃったし、色々な方との出会いがあった。後年蔵王へスキーに行くようになった時も、白石多士良様のご家族や近衛通隆様とご一緒したり、小笠原諸島へ行った時は、父のゴルフの友人相良様のご子息とその友人折田様をお連れするという具合だった。

今は小さい頃から旅行や会食などの機会も多く、友人達とスキーでも旅行でも行けるようになったが、昔は良家の子女にはかような行いが許されなかったのかもしれない。しかし何と言っても父が一番お親しくし、私共にお心遣い頂き可愛がって下さったのは川崎肇様だと思う。はじめは鉄馬伯父とお友達で、お住まいも旧赤坂台町一番地で鉄馬伯父の家（後に祖母と喜介伯父が住む）と隣同士だった。原田家（盛治氏の家）と三軒並んでいたこともあるようだ（赤星の家は、後に三井家が買われ、そこで啓明学園を始められた）。

川崎肇様は父の先輩になり、その後ゴルフ関係でいろいろお世話になったばかりでなく、仕事の面でも川崎家の保険会社の役員をしたり、肇氏が社長の山形県に硫黄鉱山を所有する蔵王鑛業の役員をさせて頂くなど一番お世話になった。家族同士も親しくなり、お嬢様方が私共の先輩ということもあり、子供同士の交流も盛んになった。両家族一緒に映画や食事、スキーにも行ったりした。川崎家の思い出は多く、赤坂台町のご自宅は洋館と和室から成る（英国風の落ち着いた感じの）ハイカラなお家だった。その頃の日本のお家としては珍しく室内でも靴の生活で、クリスマスにはサンルームに天井まで届くクリスマスツリーが飾られていた。奥様は大正12年の関東大震災の時、煙突が落下して亡くなられたが、ご長男豊様、長女栄美子様、次女多美子様、三女芙美子様の4人のお子様方はすべて美男美女であった。

父が生涯の中で一番気の合った方だと思う。川崎肇氏は父に輪をかけてわがままでいらっしゃったようだが、父とは終始大変仲良くして頂き、父も川崎氏のこととなると何をおいてもやらせて頂いた。何しろ朝食から伺い、ゴルフも後輩、前に書いたように仕事もひと頃ご一緒にしており、年中お会いしていたのにもかかわらず、一度もトラブルがなかった。父が伺うときは朝からおじ様がご機嫌で、お子様方も使用人も大助かりだったそうだ。軽井沢のご別荘にも必ず泊まりがけで伺い、時々多美子様、芙美子様と食事に行ったりトランプをしたりして遊んだそうである。

父とはきっと感性が同じで、おじ様のお気持ちがよくわかり、よく努めたのであろう。川崎氏も父を可愛がって下さった。ご長女の栄美子様は小西六写真工業（現コニカミノルタ）創業者の杉浦六右衛門氏と結婚なさったが、その次男・禎彦と（私の）娘の明子が昭和50年に肇氏の三女・小栗芙美子様のお世話で結婚するとは考えもつかないことだった。こうして小栗夫妻にはお仲人をして頂いた訳だが、父と母も小栗市三氏（隅田の慶應でのゴルフの先輩）と芙美子様のご結婚では仲人をさせて頂いた。小栗夫人とはその後お目にかかって昔話をしたものである。

川崎のおじ様はハンサムで、今考えてもそれはそれは素敵な紳士だった。今ちょっと周りを見ても見つからない位魅力的な方だったと思う。ご長男の豊様もずっと年上の方だったが、子供心にもやはり「素敵な方」という印象が強い。おじ様が戦争中に戦争反対の会話をされていたのをコックに盗聴され、軍部に調べられたようだが、この時も含め、どんな場面でも父はおじ様の味方だった。

父にとり大切だったおじ様がお亡くなりになった時は、報せを受けたとたんに飛んで行ったが、きっと悲しかったのだろうと思う。母もおじ様にはとても信用が厚かった。

川崎家の軽井沢のご別荘には、慶應の教授でおられれゴルフも熱心になさった小寺酉二氏もよく滞在しておられ「オケラオケラ」と呼ばれていた。父もよく伺っていた。

前項で書いた佐々木久二氏はプロゴルファーの陳清水氏のお世話をよくしておられ、陳さんが結婚する時は、父と母がやはり仲人役になり、佐々木邸で結婚式をあげた。

白石多士良氏ともよくお付き合いをしていた。奥様と母とはレディスゴルファーのお仲間で、私共も小さい頃お家に伺ったり、スキーにご一緒に行った。戦後満州から引き揚げてきた父はすぐに白石基礎工事（現・オリエンタル白石）に入り、ずっとお世話になった。父はゴルフ場には勿論ご一緒したが、それに加え、夜食事がすんだ頃、おじ様からお電話がかかり、赤坂の長谷川（お茶屋）へ呼び出されたことを覚えている。戦争中食料が少なくなった頃、外食が難しくなり、時々家にいらっしゃったが、すぐ酔われてしまい、お酒に強かった父の酔った姿を見たことのない私共には面白かった。

昭和十年代だったと思うが、父の注文した新しいゴルフクラブのセットが届いた時、沢山のお客様が来られ、煙草の煙と興奮された声、そして一人ずつ一本一本クラブを振っておられて賑やかだった。父がゴルフで獲得したカップが何十も高い所に並べられていたが、昨今のカップの3倍くらいの大きさだった。ゴルファーの方がいらっしゃると、1番からつぶさにプレーの様子を話しておられたが、(相手のことも含め)よく覚えておられ、感心したものだ。これらすべて子供の頃のゴルフに関する思い出の1ページであるが、どんな方々がいらっしゃったかよく覚えていない。なおカップは銀製だったので、戦時中すべて供出させられた。

父はお茶屋遊びも堂々とやっており、支払いは全部母任せだった。皆に、家ではワイフに秘密がないと変な自慢をしていたそうだ。ゴルフ場の帰りはほとんどお茶屋へくり出し、伯父や父が支払うことも多かったようだが、ある時金屏風の請求書も来た。聞いてみると酔っ払った面々がお茶屋の金屏風に落書きしたため、その代金を父が払うことになった由。そのようないたずらをなさった方や父が奢っていた方々は皆さま立派な社会的地位に居られたようで、母が、お金にきれいなのも程々にして欲しいと嘆いていた事があった。その頃、鉄馬伯父は父の上を行く遊びぶりで、田中様と言う方と鉄馬に睨まれるとお茶屋は立ち行かないと言われていたそうである。

戦前は年中虎ノ門にある東京倶楽部へ出かけて行ってはゴルフ関係の方は勿論、軍人さん、政財界の方々ともお付き合いをしていたようで、外交官の方も多かった。

ゴルフとこの東京倶楽部でその頃名の知れた方々とは、お付き合いの深い浅いはあっても、一応面識があったと思う。

山本五十六元帥も東京倶楽部でのお知り合いで、日本海軍が戦果をあげた頃、皆で祝電を打ったと話をしていた。

父は人様のお名前を覚えるのが下手で、親しそうに挨拶している方のことを「あの方どなた?」と聞くと「忘れてしまった」とか「○○クラブのメンバー」という答えがよく返ってきた。頼まれてゴルフのスウィングを直して差し上げたり、ご一緒にラウンドしたり、台湾とか満州へ行く時にお見送りに来て下さった「よく知っている人」としてお話し頂いた方々についても、父はお名前を忘れてしまい、困っていたことがほとんどだった。この事は六郎叔父も同じであった。

戦争中、職業についていないと、徴用されるので、平山氏のお世話で満州に行ったのだが、アメリカと戦うのが辛くて、それを避けるために大陸へ行ったと聞いたと、当時満州へ居た方が言われていたそうだ。ただし私共はそのような話を聞いたことはない。確かにそのような気持ちもあったかもしれないが、愛国心も旺盛で、皆と同じように戦果があがれば喜んでいた。

ゴルフでは宮様方のお相手も申し上げ、久邇宮様、朝香宮様方らをよく存じ上げていた。「良い言葉を使わなくてはと思ったので、『お雨が降ってまいりました』、と申し上げてしまったよ」と父は笑って話していたし、久邇宮様には「御紋章の付いたお品を頂けませんか？」と冗談に申し上げたら本当にその次の時にお持ち下さって恐縮したそうだ。また私が昭和天皇の第一内親王様の照宮成子《てるのみやしげこ》様と小学一年から女学校を卒業するまで同級で、成子様が「おもう様（昭和天皇）が、赤星の兄弟はスポーツが上手だと言っていらっしゃった」と私におっしゃったことを父に伝えたところ「どうだ、パパのことは上聞に達しているではないか！」と喜んでいた。その頃、新聞で天皇陛下のお耳に入ったことを「上聞に達した」とよく書かれていたので、このように言ったのだろうが、とても嬉しそうだった。

戦後満州から帰り、少しの間、二宮に居たが、東海道線に乗るため、父と一緒にプラットホームへ行くと必ず5、6人の方がサッとお辞儀をして下さり、それは鵠沼へ移ってからも同じで、すぐ人と親しくなったのだと思う（中には前からの知人も居られたが）。

鵠沼に疎開されたまま住んでいらっしゃった旧知の方もあり、また私の妹や弟が入った地元の湘南学園で理事などをしていたことから、新たにお知り合いになった父兄の方々も居られ、時々家にお連れしたこともある。

田中喜八郎様、佐賀様（オリンピックの役員だった方）、林様（小岩井農場役員でPTA会長）、また近くに住んでおられた外交官の奥村様、小森様（小森のおばちゃまの元のご主人）もいらっしゃった。小森様はまだデビューしたばかりのシャーリー・マクレーン夫妻を小森家へお呼びになり、お正月に父の家の前を通って海岸へ散歩に行かれる途中、お立ち寄りになった。父はその時庭に咲いていた山茶花《さざんか》の花一輪を手折《たお》ってシャーリー・マクレーンさんに何気なく渡し、その頃もう30代だった私は、父もなかなか粋なことをする人だと感心した。

鵠沼には昔からお親しかった岩崎恒弥様もいらっしゃり、前に書いたように、終生お付き合いした（奥様と母も）。珍しい物をお届けしたり、またあちらからも爺やさんがよく色々なお品を届けて下さった。片瀬に住んでいらっしゃった写真家の三浦寅吉様も戦後お知り合いになった方だが、前は新聞社におられ、大変良い方だった。父のわがままにもよく付き合って下さり、2人の共著でゴルフの本も出した（「ゴルフ球の打ち方 HOW TO HIT A GOLF BALL」）。

戦前から大変親しくさせて頂いたのは高樹町に住んでいらっしゃった岩崎家のご一族だった。旭硝子の創立者で「高樹町の岩崎さん」とお呼びしていたおじ様はもういらっしゃらなかったが、おば様は母の先輩で八穂子様と仰り、お家を継がれた温子様、そのお嬢様許斐順子《このみのぶこ》様と3代に渡ってお付き合いがあった。父がゴルフをお教えした一方で、こちらも大変お世話になっていた。戦前は家も近く、私共もお邪魔したり、箱根のご別荘にもお呼ばれしたが、盆暮れには両親には勿論、私共にもいつも素敵なプレゼントを下さり、嬉しい思いをしたものだ。

温子様ご夫妻は、父が歳をとってからも、夏にはいつも箱根のご別荘に呼んで下さり、温子様にはご親切にして頂いたが、残念ながら早くにお亡くなりになった。当時痛風だった父はご葬儀に伺えず、母と私がお悔みに出向いたが、きっと父も悲しかったと思う。父が小さい時から可愛がっていた順子様は現在ゴルフ界でご活躍の由（現在もそうなのかははっきりしません）、父もあの世で喜んでいるだろう。

温子様のご主人様忠男様も二女淑子様のご主人様とも父が晩年箱根でゴルフをしていたお仲間だったと思う（無名会と言う集まりだったと岩崎俊男様から後日伺った）。あと横浜シネマの佐伯様ともゴルフでもお親しくしていた。大変マメな方で、父が痛風でゴルフが出来なくなってからも、箱根の帰りに富士屋ホテルのカレーや、大磯の井上の蒲鉾等を届けて下さった。「ドーモドーモ」がお口癖で、私共は「ドーモドーモのおじ様」とお呼びしていた。

父は晩年順天堂に入院し特別病棟で寝たきりになっていた。順天堂といえば東俊郎先生ご兄弟とは父の兄弟が親しくしており、大変お世話になった（陽一先生にも）。そんなご縁もあったので、東先生はしばしば特別病棟に励ましに来て下さった。

父が亡くなる前に、やはり順天堂の名誉教授で入院中お世話になった北村和夫先生と東先生が五郎叔父とゴルフをされ、その帰りにお見舞いに来て下さった。東先生は首をふりながら病室を出ていらっしゃり、北村先生からその夜私にお電話を頂き、もう長くないことを知らされた。お願いしてもなかなか往診して頂けない名医お二人に最期に診て頂けたことは幸せだったと思う。私の知らないところでまだまだたくさんのお友達があっただろうし、今となっては思い出せない方々も大勢居られる。ゴルフのことで取材に来られた方より「お父上の交際範囲は大変広かった」と伺うこともしばしばあるが、その通りと思う。

ゴルフ場をいくつも設計し、色々な建設・建築会社の方と関わり、その度に関係者とはお付き合い・交流があったのは間違いない。

父はわがままではあったが、ゴルフ関係でも社会的地位や職業による差別はせず、誠実な人物を好み、ずるい人や知ったかぶりをする人は嫌いだった。何事も「フェアーにフェアーに」と言うのが口癖で、ゴルフ場をつくっている時に、芝が枯れることを承知で冬に芝を張って儲けようとした業者に腹を立てた話は有名である。

世話好きで、人のために一生懸命何かしてあげることが好きで、決して見返りを要求したり、恩着せがましいことを言うことはなかった。横からみていて、中には相手にとって有難迷惑ではないかと思うこともあったが、これは赤星家の血筋のようでもある。

御殿場ゴルフ場のボイラーマンが店を出すのに当たって「ある時払いの催促なし」でお金を用立ててあげたが、その人は勿論借金をきちんと返済し、その後も毎年大晦日にお蕎麦を山のように届けてくれた。近くにいた私共はいつもそれを頂くのが恒例行事になっていた。

親類の者の就職にも世話を焼き、また知人から要注意と言われていたアメリカ人が店を持つ時も、周りが反対したにもかかわらず保証人になったものだ。このアメリカ人の店が、1954年創業、日本にピザを伝え大成功した六本木の「ニコラス」である。

外国人の中では戦前戦後を通じ建築家のアントニン・レーモンド氏とはよい友達で、奥様も含め家族ぐるみでお付き合いしていた。

レーモンド氏はライト氏のお弟子だったが、日本の建築も好まれ、東京のアメリカ大使館のようなハイカラな鉄筋コンクリートの建物も設計されたが、藤澤CCのそばの我が家の夏用の山荘、二宮の六郎叔父の茅葺きの家のように、田舎にはそれにふさわしい日本風の家も設計して下さった。

これに対し鉄馬伯父、喜介伯父の家は西洋風で、それぞれの家にふさわしいファニチャーも揃えた。藤沢の山荘には囲炉裏《いろり》やその他日本風建具があり、食器も織部焼や備前焼風のものを揃え、またピッチャーやグラス代わりのカップもわざわざ焼かせたりという具合で、父はこのような感性が大変好きだったようである。最後に住んだ鵠沼の家もレーモンド設計事務所にお願いした。

アメリカ大使館、軽井沢カトリック教会の他、東京GC朝霞C、藤澤CCのクラブハウスも彼の設計だったし、戦後も父の手がけたゴルフ場のクラブハウスはレーモンド事務所にお願いしていたことが多かったと思う。

戦前に時々訪ねて来られたアメリカ人は、前にも書いたように、大金持ちが多く、父も母も一緒によく努め、お金を惜しまずサービスしていた。

アメリカ時代の項に書いたが、ウールウォース氏とかモーフェット氏などのような著名な方達に日本人として恥ずかしくないようにお相手したようで、アメリカ人には大変好かれていたようである。

また、ベーブ・ルースが来日した時はグルー大使、オドール監督と4人で朝霞や藤澤CCで一緒にプレーし、夜も食事で接待。また俳優かつゴルファーのダグラス・フェアバンクス氏を岡崎の鴨屋に招待したが、これらのほとんどに私財を投じており、ミミッチイことが嫌いな人だった。ただし、戦前はともかく、戦後はゴルフ場設計で食べていかなくてはならなくなり、そんなに贅沢も出来なくなったので、母は大変だったと思う。ベーブ・ルースが来た時はほとんど毎日出かけ、お相手をしたが、父が以前「彼のようなサウスポーの中に混じってプレーすると、自分が左利きになったような気がする」と言っていたのをよく覚えている。

昭和60年にNHK「ドキュメント昭和」の中の「アメリカ車上陸を阻止せよ」を作るにあたり、NHKの方がフォードの資料館で、父がモーフェット氏（当時スタンダードオイルカリフォルニア〈現シェブロン〉副社長）へ出した手紙とモーフェット氏からフォード氏への紹介状を見つけ、差出人であるシロー・アカホシとはどんな人かと調査されることになった。最終的にその娘の我々にたどり着き、ほんの少し番組に映ったが、後に一連の事が角川書店から本で紹介された。この出版のことを我々はまったく知らなかったので驚いた。吉田茂氏や岩崎小彌太氏、松平恒雄氏などと共に、親米派として、フォードを締め出そうとする軍部に対し、フォードを支持しようと言うことになり、東京倶楽部のお仲間（浅野良三氏も）との話し合いの結果、父の知人モーフェット氏へ、モーフェット氏から友人のフォード氏へ手紙が出されたと言うことだった。結局は軍部に押し切られてしまったが、父達のやりそうなことだと思った。

戦争後はロートン氏（シンガーミシン日本か東京の支店長）ご夫妻と親しくしていたり、またフルムーンで日本を訪れた昔の友人やそのお子さん方が来られると、家にお招きしたりしていたが、昔のようなお金持ちの方は少なかったようである。

初めに書き忘れたが、両親が大正12年6月に結婚した時住んだ家は赤坂桧町で、その向かいに有島武郎氏の末弟行郎氏が住んでおられた。アメリカ時代も父は行郎氏をよく知っており、ゴルフもされたので、大変に親しく行き来した。お子さんも我々と大体同年輩の坊ちゃん2人とお嬢さん2人が居られ、年中一緒に遊んだ。道路拡張のために赤星家は麻布 笄町《こうがいちょう》に移転し、お互いの家が離れてしまったが、それからも、よく遊びに伺ったり、誕生日に来て頂いた。

　その行郎氏の所にお母様が居られ、アメリカ風なお家の中でお母様のお部屋だけは畳敷きであったが、中に入るとコーヒーの香りがしてハイカラな感じだった。その時私はまだ小さく覚えていないが、両親は武郎氏心中事件の時は一緒に心配した由。里見弴氏、有島生馬氏など芸術家一家のご兄弟に、次姉は高木喜寛夫人（鳥居坂の家の前にお住まい）、長姉山本夫人は音楽家山本直純氏の祖母上と、凄い一族であった。行郎氏の長男武行氏、次男重武氏を「たけちゃん」「しげちゃん」と呼び、よく遊んだものだ。母は、武郎氏や里見弴氏の小説を読むと有島家のどの方がモデルか大体わかると言っていた。また行郎氏夫人は頭のよい方で、母は随分いろいろと教えて頂いたそうだ。戦後藤沢へ移ってからは、手紙のやりとりはあっても、めったにお目にかかれなくなってしまったようだが、懐かしい方々である。奇遇ながら、父が死んだ昭和46年、父と前後して行郎おじ様もお亡くなりになった。

　後日、我孫子GCの石井登様、久米融様が来られ、私の家では、赤星の家にあったレーモンド夫人が藤沢の山荘のためにデザインされた家具を、いまだに使っていると友人のレーモンド設計事務所社長の三浦敏伸様にお話しされたところ、是非頂きたいと言われたと伺った。これがきっかけになり、何点かを設計事務所に置いて頂くことになった。三浦様にはその後も折に触れて何かとご親切にお心配り頂いている。

10 六郎叔父のこと

叔父六郎は四十代で亡くなり、叔母も20年前位に他界し、子供が居らず、この頃になって日本オープンでアマとして優勝した（令和4年の日本オープンまでは）ただ一人の者としてマスコミの取材を受けることが何回かあった。日本オープンのことは取材のあった5、6年前に初めて知った。父もアマオープンで2回優勝したが、私はまったく関心がなく、両親からそれが名誉だったと話して貰ったこともなかった。テレビなどでゴルフの事となると、必ず叔父の日本オープンでの話が出るようで、まだ日本プロゴルフ協会もない頃だったので、プロもアマチュアもなかったようだ。そんな環境下、叔父や父は他のゴルファーの方と共にかなり私財を投じてプロを育てたそうである。

叔父は兄弟で一番身長・体重があり、ゴルフと釣りで色は黒く、日本人離れしていたため、一歩日本を出ると、日本人には見られず、スパイ扱いをされたり、インド人と間違われたことがあったと笑って言っていた。声も大きい人だった。小さい頃はひ弱で、色も白かったそうで、そのため長兄・鉄馬伯父から、アメリカへ行ってからはスポーツで体を鍛えるよう言われたそうである。大人になっても、父と違い、よく熱を出したり中耳炎の手術をしたりで、外からみるほど丈夫ではなかったようだ。

私が17歳の時に亡くなったので、その頃までのことしかわからないが、私共は昭和14年から3年間、夏は二宮の叔父の家の隣を借りて夏を過し、ほとんど毎日のように会っていた。夏は箱根町に家を借りて釣り三昧だったので、姉と私はいつも呼んでもらい、何かと可愛がってもらった。

また戦争中、叔父の家に疎開し、少し大人になってきた頃、叔母から叔父の話をきいたが、私の見た叔父はほんの一部分だったと思う。

あと母から聞いたことだが、叔父は男の子としては末っ子であり、鹿児島では年長者が威張っていたので、叔父はいつも兄達をたてていたそうだ。愛子叔母にはよく甘え、また人一倍親孝行だったと思う。

ロマンチストであり、アメリカ滞在中、下宿していた家のエミリーという娘さんと恋に落ちて夢中になり、本当に結婚したかったらしいが、国際結婚はとんでもない時代だった。エミリーも「未来のお母様へ」とショールを編んで祖母に送ってくれたりしたが、遂に実ることはなかった。叔父はひところ私の家に住んでいたそうで（帰国後しばらくの間）、よくエミリーからラブレターが来て、母が「六郎さん、又悩みの種が届いたわよ」と渡すと、それを読んでは一日中ぼーっとしており、本当に悲しそうだったそうだ。後で結婚した叔母は気が強く、叔父は「エミリーはお前よりずっと優しかった」と言い、叔母も「叔父様は本当にエミリーが好きだったのよ」と言っていた。エミリーも同じで、戦後アメリカへ留学した従妹（五郎叔父の長女）がエミリーの娘と会う機会があったが、やはりエミリーも「六郎が一番好きだった」と話をしていたとか。当時エミリーが他の人と結婚していたかどうかはわからないが、六郎叔父の若き頃の失恋物語である。

その頃はそのやるせない気持ちを芸者遊びで紛らわせる日々が続いたようで、仕事はほんの少しの間銀行に勤めていたが（赤星家と関係のあった十五銀行）、すぐ辞めてしまい、ゴルフとお遊び、狩、釣り三昧と結構なご身分だったようである。あとは叔母と母から聞いたことで、総合すると、新橋（赤坂だったたか）の芸者だった愛子さんと高樹町で同棲を始めたが、私共の年上の従兄姉たちも感じやすい年頃になってきており、叔父の家に行くと奥さんらしい人が居るというのも教育上良くないので、川久保の伯父（房子伯母の主人）が主になって正式に入籍することになった。愛子叔母はその話を聞いた時、「面倒臭い家に入りたくない」と一度は断ったものの、やはり別れる決心がつかず、翌日になり「昨日言ったこと」を取り消してきた。これに対し叔父は「そうだろうと思った」と言ったとか。お茶屋のおかみからは「赤星家は時計が秒をきざむ毎に利子が増えていく家だ」とけしかけられたが、愛子さんは「私は六郎さんが好きで結婚した。決してお金目的ではなかった」と私に力説していた。それはその日（力説した当日）の愛子叔母の様子をみても頷けることで、お互い幸せな結婚をしたと思う。

ただその頃のことにて、祖母としては玄人の嫁をもらうのは大変ショックだったようで、あのよく出来た祖母も母達嫁を呼んで「六郎の嫁に芸者を迎えることになり、あなた達の義妹となることになった。大変申し訳ない」と涙を流して謝り、おばあ様がお気の毒だったと母が言っていた。しかし結婚してから、祖母は叔母に対しては他の嫁と同じように扱い、決して辛い思いはさせなかった。

叔母のほうもそれまでの着物を全部処分し、祖母のことは「御隠居様」、義兄姉を「吉祥寺の旦那様奥様」（吉祥寺に住んでいた鉄馬伯父母）、うちは渋谷に居たので「渋谷の旦那様奥様」と呼び、甥や姪にも様をつけて礼儀正しく呼んでいた。結婚式は大磯で兄弟姉妹だけの集まりだったようで、六郎叔父様がご結婚なさったと聞かされても、今までと様子がすべて違い、不思議で仕方がなかった。

母からは、叔母様に「どこの学校の出身？」などと伺ってはいけませんと言われたものだ。また叔母が叔父のことを「アータ《あなた》ー」と甘えて呼ぶことは珍しかった。

愛子叔母が元芸者であることを叔母自身と母から聞いたのは大きくなってからで、

その時点ですべて納得した次第である。

叔母を恥ずかしくない主婦に育てるため、叔父は家庭教師を家に呼んで勉強させ、洋裁、お料理も専門の先生に習わせた。叔母が勉学中には、決して用事を言いつけず、お習い事に専念させたそうだが、叔母もそれに良く応え、お料理を皆に披露するなどよく頑張って努力していたと思う。兄弟や母、兄嫁、小姑達も、私の知っている限り、決して意地悪や特別視することなく、叔母に不快な思いをさせないよう気を遣っていたと思う。

叔母は自分の立場を心得ていたが、決して卑下したり、過度に遠慮したりという様子はなく、明るくユーモアのある人だった。服装は地味にしていたが、叔父に対する態度は、他の伯叔母や母達と違って、友達に話すようにポンポンと言い、結局2人はとても仲のよい夫婦だったようだ。一方で、2人共それなりに世間に対し随分気を遣っていた一面もあったと思う。

叔父は二宮の海岸の上にレーモンド氏設計の茅葺き屋根の家を建てて住んだが、叔母がそれまで借家住いだったので、自分達の家を建ててと叔父に頼んだのが、そのきっかけであった。二宮であれば、叔父が釣り好きなので海の近く、また大磯の祖母の家にも近い。また叔母のために、本人が社交場に出なくても済むよう東京より遠くに、との配慮もあったようで、親類の集り以外は叔父が一人で出席していた。

二宮の家は二宮駅と国府津駅の間の山西という場所にあり、そんなに広くないが、庭の先が坂になって海辺へ続き、太平洋が借景だった。晴れた日には、正面に大島(三原山)、右に伊豆半島、左に三浦半島が見え、月夜にはその先が海に届き、金波銀波を散らすなど、本当に景色の良い所だった。

駅から歩いて30分位かかるので(バスも1時間1本くらい)、叔父はダットサンを持ち運転手を雇い、不自由なくほうぼうへ出かけていた。大きな体を小さい車に押し込んでという感じだったが、田舎であり、また釣りに行くには小さい車のほうが便利なので、あえてダットサンを買ったのだと思う。

或夏の夕方、海岸で黒鯛釣りをしていた叔父の姿ははっきり覚えている。胸まで続いているゴムの長靴を履き、体半分位まで海に浸かりながら長い時間をかけて大きな黒鯛を釣っていたものだが、釣れた時は大喜びで、ニコニコしながら黒鯛を見せてくれ、早々に魚拓を作った後はお刺身をご馳走になった。

叔父のゴルフ姿は、藤澤CCや小さい時に駒澤などで見かけた位なので、私にはむしろ釣りをしている姿のほうが印象に残っている。夏の間自宅に居る時、叔父はジンベエにショートパンツ姿だった。

夏休みを二宮で過ごし、叔父が家に居る時は、よく朝から押しかけて行き、叔父も喜んで迎えてくれた。

朝食はブランチとはいえ、その量の多いのに驚いた。ご飯茶碗もお丼に近い物（今のお茶漬けのお茶碗くらいの大きさ）で、お汁碗も大きく、それをお代わりして頂いた。漁師が取れたての魚を持って来ることもしばしばで、新鮮な鰯《いわし》がお味噌汁に入っていたり、目玉焼は卵3個、それにお魚も1匹や2匹でなく鯵《あじ》などは5、6匹も出てきた。父が食べない煮豆とかお三時にはお汁粉なども摂り、兄弟でも父達とは随分好みが違うなと思って見ていた。大和田のおかみも言っていたように、叔父は体も大きく大食漢であった。

夏の間借りていた箱根町の別荘には、燈籠流しや大文字焼きがあると姉と私を必ず呼んでくれ、3、4日過ごした。ダットサンを迎えによこしてくれ、姉と2人で出向いたものだが、叔母も一緒に来ることが多かった。湖水で叔父の持っていたモーターボートを運転させてくれたが、上手く行かずボートがぐるぐる廻ったりすると「ワッハッハッハ」と楽しそうに笑って見ていた。芦ノ湖では他に、湖の真ん中で泳がせてくれたり、ブラックバスを釣らせてくれた。この魚は元々鉄馬伯父がアメリカから持って来て放流したもので、長い釣り糸にかかった時には一生懸命引き上げた。芦ノ湖の冷たい水でさらすとすぐ「あらい」が出来るし、塩焼き、フライにしても美味しかったが、後になって無秩序に放流すると他の魚に害を及ぼすことが判り問題になった。箱根町を散歩する時は、姉と私と叔父を真ん中にして腕を組んで歩き、また、二宮の家でもその頃女学生だった私共をあまり子供扱いせず、本の話などもしてくれた。私が小さい頃は「ミコ（私のこと）は丸々としていて美味しそうだからハムにするぞ」とからかわれ、こちらは本気で叔父が来ると逃げ廻っていたが……。

叔父は読書家で本も沢山あり、二宮滞在中は次々と借りては読んでいた。白樺派の作家が好きで、自ずと私も白樺派に出合った。私からの手紙が面白いと言って、光子には才能があると買いかぶってくれたのは良いが、才能を伸ばすため武者小路さんを紹介するとか、『赤い鳥』に投稿しろと何度も言われ、閉口した。自分の力を知っていたので、これらの助言だけはとうとう無視してしまった。

都会育ちの甥や姪のために、祖母の誕生日やお餅つきの時には二宮の家に呼んで、もてなしてくれ、叔父はそれを嬉しそうに眺めていたものだ。

私共の前ではいつもニコニコしていたが、運転手や使用人が不都合なことをすると怒って大声で怒鳴り、体も大きいので怖かったそうだ。「叔父様が怒ると皆飛び上がるのよ」と叔母が言っていたが、確かに父以上の迫力があった。

戦争が始まると食料難を予測して畠を買い、叔母や使用人も一緒に麦や野菜類を作り始めた。叔父の考えでは、赤星家全部のためにやり始めたようだが、太平洋戦争が始まる前に亡くなってしまった。それも今だったら絶対に助かる敗血症で、ソファーの隅にあった錆びた釣り針が腰に刺さった所から菌が入ったのが原因だった。高熱が出たが、頼りにしていた東先生がいらっしゃらず、小田原の病院に入ったものの、チフスか何かと間違われ、とうとう命を落としてしまった。

叔母は献身的に看病した。

父や他の父の兄弟達と同じように、大の世話好きで、戦争中身内を食べ物で助けてくれたし、祖母のためにはいつも不自由しないよう食料を調達していたが、いくら持って行っても、祖母は物が不足していることがなかなか理解出来ず、すぐに人にあげてしまうし、万事使用人任せだったので大変だったと思う。

ゴルフ関係ではプロやキャディ達にも、また、釣りの関係、その他多くの人のために尽くし、二宮町に消防車まで寄付したと聞いている。

私共が二宮へ疎開したのも、叔母が「もし六郎さんが生きていらっしゃったら、きっと家にいらっしゃるよう申し出たと思うので、ぜひ来て下さい」と言ってくれたからで、2年位お世話になった。

叔父が亡くなった時、近所の人達も心から悲しんでくれ、父が「あんなに沢山の人に惜しまれ、六郎は本当にいい奴だったのだな」としみじみと言っていた。

戦後ゴルフブームの頃にまだ生きていてくれていたら、日本のゴルフ界のために大いに役立ったことは間違いなく、今でも本当に残念な思いである。父は言葉が足りず、気も短いが、叔父は、ゴルフを教えるのが遥かに上手だったと聞いている。私共に色々なことを話してくれたように上手く指導出来たのは間違いないと思うし、私も大人になった後に、もっともっと話をしたかったと後悔したものである。

叔父も叔母もその頃の赤星家の中ではユニークな夫婦に見え、派手な喧嘩もしたと聞いているが、とにかく叔母は「六郎さんが大好き」だったし、叔父も父に叔母のことを「アイツは可愛い奴ですよ」と言っていたそうで、叔父が生きている間は叔母も大変幸せだったと思う。

六郎叔父も朝鮮・台湾などでゴルフ場の設計をしたが、戦後朝鮮から引き揚げた方から、六郎さん四郎さんそれぞれの個性がよくゴルフ場のデザインに出ていたと聞いた。

11　母のこと　レディスゴルファーのこと

前にも書いたように父と母は寿恵子伯母（喜介伯父の妻）によって結ばれた。父はハイカラであったが、日本風にきちんとしつけられた女性を妻に求めていたらしい。母は美人ではなかったが、恐らく華があったようで、歳取った従姉たちに聞くと「叔父様（父）は夢中だったのよ」とのことで、知事などをした役人の娘として育った母も格好良い父に魅せられたのだと思う。姑の祖母からも信頼されていたそうだ。

夢と現実は違い、父は日本人的ワンマン。お金は無計画に使う、お茶屋遊びはする、勤めていたスタンダード石油（母はこの関係でアメリカに行けると期待していたそうだが）は2年位で辞め「これだけ働いたからもう勤めなくて良いだろう」と言い出し、唖然としたそうだ。食べることに煩《うるさ》く、父一流の考え方や感性に母が付いていくのは大変だろうと思っていたので、少女時代の私共は皆母の味方であった。

しかしながら父のことをこぼしながらも、良い点は認めていたし、「パパは本当にダダっ子よ」と言っていた。父も文句を言いながら、母にすべてを任せ、信頼していたのだと思う。姉が生まれてから、母は少し体を壊し、六郎叔父の勧めもあって、ゴルフを始めた。レディスゴルファーのお仲間に入れて頂いたことは、いろいろな面で、母にとり大変勉強になり良い経験だったと言っていた。

当時関東では朝香宮妃殿下をはじめ三井栄子様、近衛千代子様、細川博子様、鳩山千代子様、末広冬子様、門野様、原田富士子様、白石さが子様、相馬邦子様、文伯母（鉄馬伯父の妻）などが主だったレディスゴルファーで、ほとんどは母よりお年上の方だったが、いずれも上流の方々で、ゴルフばかりでなくいろいろなことを教えて頂いたようだ。

ゴルフはプロに教えて貰ったようで、お名前を忘れたが、そのプロも母を教える時「赤星さんの見えないところでしましょう」と言っていたそうだ。父から「何だ、その教え方は！」と言われるのが恐ろしかったのかもしれない。東西対抗が始まると一年おきに何回か試合に出たが、その時に大阪の母の里へ泊るのが嬉しいことだったようだ。母がゴルフをするにあたり、姉と私に手が届かないといけないというので、私が幼稚園に入るまで専用の看護婦を雇っていた。女中も常時3人はいたが、任せるのが不安だったのか、東大病院に居た斉藤トヨという人を雇い、皆に「サイ」と呼ばれていたが、本当に良く尽くしてくれた。昔の人は春日局に近い感じで仕えてくれたものである。細川家、前田家はじめ上流のお家ではお子様に1人ずつ女中が付いていたが、うちはそれほどの家ではなかった。「サイ」にお世話になったのは幼稚園までだったが、すっかり情が移ってしまい、家を辞めた「サイ」は「もうよそのお家へお勤めする気はありません」と言ってきっぱり看護婦を辞め、我が家からの退職金で三宿の小学校の前に文房具屋を開いた。独身の妹と一生住んでいたが、ほとんど毎日家に来て、私共の顔を見ては帰って行ったし、母もその頃は、夜に出かけることが多く、そのような時には私共が寝るまで付いていてくれるよう頼んでいた。「チャコチャマ」(姉のこと)「ミコチャマ」(私のこと)と呼んで可愛がってくれ、私共もとても好きだったが、戦争中乳がんで亡くなった。

色々あったが、当時としてはかなり贅沢させてくれ、どこへ行っても大切にして貰ったと今さらながら思う。父が亡くなってから、母は、父の良い所や、一緒に過ごし幸せだった時々ばかり思い出し、懐かしんでいた。ゴルフは昭和13年に妹が生まれてから遠ざかり、戦争が始まったこともあり、まったくしなくなった。父は、ゴルフをする以上は一生懸命しないといけないとの考えなので、母がゴルフから帰ってから、その日の試合を振り返ったり、ゴルフについて研究しないと機嫌が悪く、さりとて家事もきちんとしていなくてはいけないので、母も大変だっただろう。それでも「パパは無理ばかりおっしゃって」と言いながらも、お仲間に惹かれ何年かはしていたが、終わりの頃には面倒になってしまったのではないかと思う。また、試合の後、夫婦で会食した時、お酒の入った方が母に何かおっしゃったことがあり、それに腹を立て、以後母はそのような集まりの時は先に家に帰されたそうである。父は意外と焼きもちやきだったのかもしれない。

レディスの方とはゴルフをしなくなってからも時折お付き合いしていたが、昭和30年代頃から、おそらく先輩の加藤富美子様や皆様と一緒に短歌を習い始め、その集まりを大変楽しみにしていた。三井、嶋山、白石、末広、相馬、原田様方がお仲間だった。母の晩年はいろいろと悩むことも多かったが、父の亡きあと一人でそれを背負っていくのは辛かっただろうと思う。同じ立場で話し合える父の存在は大きかったに違いない。

最後に母の遺した短歌の中から選んだいくつかの作品を記しておく。

【酒ずし】（昭和42〜43年　食べること参照）
・鹿児島のすしにはらから打集まり味よからねど楽しかりけり
・酒ずしを朱塗の桶に漬けをれば祖母上の姿懐かしく浮ぶ
（母が女学校の頃あずけられていた祖父橋元家も鹿児島人だった）
・酒ずしを好みたまひし祖父上をなつかしみて山椒の葉をつむ

【暗き予感】（昭和46年2月　父の亡くなった3カ月前）
・とざしいる夫の眼より滲む涙何思うやと胸せまりくる
・涙うかべ物いう夫にかつてなき心の端をのぞく思ひす
・脚なえてはくことのなき夫のズボン手にとりをれば涙わきくる
・花を見る気力も失せし我が夫のやつれし面よ夕光のもと
・夫にみるうつろなる瞳にたじろぎぬ暗き予感わが胸をはしる
・今にして残る年月わが夫に悔いなく務めたしと思うのみ

【追憶】（昭和46～47年　父の死後）
・長年にわたって手がけしゴルフコース幾多残れり夫逝きしかど
・金婚式をしたしと常に云いし夫あと一年を待たで逝きたり
（金婚式の一年前に亡くなりました）
・刈りたての芝生の香りゴルフせし若い日のわが追憶さそう

【五年祭】（昭和51年神道のため満5年目に五年祭をする）
・つつじ咲く亡夫の忌またもめぐりきてはらから寄りて五年祭する
・長かりしとも短かかりしとも五つ年の訴えたきこと胸に溢るる

（この五年祭を5月に無事にすませてから母はめっきり弱り夏に倒れ翌52年10月30日亡くなりました）

四郎と妻・瑞子、長女・久子（左）、次女・光子（中央）。昭和4年、四郎33歳。写真館で撮影した唯一の一葉

左から六郎、クルック・シャンク、ビル・メルホーン、四郎。昭和5年撮影

II

赤星六郎　ゴルフゲームのいろは

※出典／目黒書店「GOLF」の記事より引用。原文の旧漢字、旧仮名使いを直すと同時に、読みやすいように漢字、平仮名の統一を図り、送り仮名等、一部加筆修正してあります。

「赤星六郎語録」として知られる9箇条にはゴルファーへの志が掲げられる。
ゴルファーならずともニッポン男児、紳士への訓示ともいえる、
六郎の粋なゴルフ、生き方を

赤星六郎語録

1 相手の身になって物事を考えよ

2 みっともない真似はするな

3 余計なことは言うな。虚言を弄《ろう》するぐらいなら沈黙を守れ

4 自分を客観的に見よ

5 自然に振る舞って、媚《こ》びるな

6 威張るのは知性の欠如の証明だ

7 謙虚な姿勢で練習に励め。慢心はゴルフの大敵と知れ

8 コースからスコアだけを持ち帰るものに友人は出来ない
誠実な人に対してゴルフは多くの友情をお土産にくれる

9 紳士は春風の如くおおらかであれ。
春風は誰に対しても優しいものだ

※右記は六郎が中上数一プロとラウンドした際に語ったものと言われている。

アベレージ・ゴルファーへ　いかにゴルフを学ぶか

　僕がそもそもゴルフを始めてから、最早十数年にもなってしまった。いつ100が切れるかしらと思って、慄《ふる》えながらパットしたことや、80台を初めて破って、いっぱし一人前のゴルファーになったつもりで、幾度か「噫々《ああ》、ゴルフなんて、こんなものか」と解ったつもりになったことか。

　そして僅か2、3日の後には、皆ゴルフのゴの字も判らなくなって、二度と金輪際ゴルフなんて見向きもしまいと天地の神々に誓ったことか。

　あの一尺五寸にも足りないパット、いま思い出しても、耳の辺りがぽっぽとしたり、腹の中がにえくり返るようなことが、どれだけあったことか。

　しかし、あの秋の澄み切った碧空の真っただ中に、一週間の凝り固まった思いをのせて、日曜の第一発をがっちりとドライバー一杯にカッ飛ばした時の肩の軽さ、お臍《へそ》のあたりのクスぐったさ、僕だってやはり皆さんと同じように、ゴルフには喜びながら、また憤慨しながら、苦労してきた一人である。

　僕はゴルフにははっきり二通りの行き方があると思う。

　その一つは言わば点取りのゴルフ、形とか球の美醜を論ぜず、ティーショットは真っすぐに、セカンドはピンに、というようなゴルフ、――そのゴルフがトーナメントゴルフには最も大切で、そうしたプレーは単に勝敗を争うことのみを目的とするゴルフには、唯一の方法である。

第二のゴルフは、前者のごとく勝敗が唯一の目的ではない。そのプレーする個人々々の性格によってのみ理解し、また満足を得らるる美的方面のゴルフである。例えば、球のアイアンショットになって正しく打たれた時の快い感じ――手、指に受ける微妙なショックを味わったり、あるいはクラブ面から放たれた球の描いて行く線の美しさを楽しみ、研究するようなゴルフ、すなわち自分とゴルフそれだけがあって、勝敗もなく、また相手も必要としないゴルフだ。

僕は出来る限りゴルフを単純化して、皆さんに少しでも役立ちたいと思って、この項を始めるのである。僕もあまりに多くを観、聴きすぎた。ゴルフは皆さんが考えていられるように、また本で読むように、複雑なものではない。そこには単純なプリンシプル（原理）があり、それによってすべてのゴルフショットが成り立っているのである。それなくしてはトーナメントゴルフに最も必要なステディネス（安定）は得られない。いわゆる「あの人は上手なゴルファーだが、当てにはならない」という種類のゴルフは、このプリンシプルを会得しないからだ。

（GOLF／目黒書店　1931年11月号より）

ヤング・ゴルファーよ　全力を尽くして戦え

倶楽部のチャンピオンシップ、スクラッチプレー、スクラッチプレーのトーナメントに（若い人が）出てくるようになったのを、僕は何より愉快なことだと思う。君たちの他には、これからの日本のゴルフを世界的にするものはないのだから。

小さな、生意気な、理屈っぽいゴルフ、例えば、グリップがどうの、インパクトの時のリストがどうの、というような、小さなゴルフに囚われないで、もっと鷹揚《おうよう》な、大ざっぱな、ただし力強いゴルフをつかんで進んでもらいたい、小さなことは自然にその時々で、ゴルフの進んでくるに従って、会得できるものと思う。いずれにしても、ヤング・ゴルファーとしては、ドライブを300ヤード近くも飛ばし、アイアンで220ヤード近くからピンを狙う位の気概がなければ駄目だ。

誰でもかまわないが、自分の好きな世界的名手のトップスウィングとフィニッシュの写真を手に入れて、それを夢に見る位に頭へ入れてほしい。それからは一にも二にも練習だ。18ホールのほとんど全部を3パットで歩いても、なお、70台でプレーできるような、がっちりしたゴルフを作り上げねば駄目である。

一日に少なくとも3、400のボールを打たなければ、本当の練習とは言えない。ウッドでも、アイアンでも何でもよいから、理屈抜きにボールの数を打たなければいけない。いくら理論に通じていたからとて、実際に球の数を打たないでは、上達は決して望まれないからだ。

ラウンドするときは、いつでも真面目にプレーする習慣をつけ、出始めが悪いからといって、そのラウンドをだらしなく捨てるようなことをしてはならない。ティーに立つごとに鳩尾《きゅうび》（みぞおち　編集部注）がわくわくする位の緊張感をもってプレーしなければ、いざという時に本当の当たりは出ない。

君たちはこれから数多くのトーナメントに出なけらばならない。そしてその度に勝敗がある。が、このことだけは是非守ってくれたまえ。すなわち負けた時のアリバイ─弁解をしないことと、スポーツマンの最も卑しむべき、かつ恥ずべきはアリバイだということを、銘記していてほしい。

お互いに人間である以上、時として不愉快なトラブルも起きるに相違ない。が、こと勝負に関する限りは舌を噛み切っても唇にのせてくれたまうな。この位オポーネント（対戦相手　編集部注）に対して無礼な女々しいことがスポーツマンとして他にあるだろうか。

ヤング・ゴルファーよ。全力を尽くして戦え！　朗らかに勝ち、かつ、愉快に負けよ。いかに小さなトーナメントでも、一旦出場した上は、真剣に全力を尽くして戦え。その一つ一つの戦いは、将来みな米国のアマチュアに対《むか》う階段であろうから。勝ったら根こそぎ練習だ。負ければなおさらプラクティスだ。米国のアマチュア・チャンピオンシップは、毎年繰り返し行われているではないか。僕もまたここ数年は君たちと戦えるつもりだ。行こう！　そして大いに戦おう。

（GOLF／目黒書店　1931年11月号より）

チャンピオンシップに出場する方々へ

日本のゴルファーも次第に世界的のレベルに近づきつつあることを吾等は大いに喜ぶ。

今年もいよいよ6月5日よりアマチュア・チャンピオンシップトーナメントが開かれるがこの際、日本ゴルフツアー、特にトーナメント出場者に対して一言所感を述べたいと思う。

いつも言うことであるが僕の知っている限りのゴルファーにはあまりにもアリバイが多すぎた。「僕は体の調子が悪かったんだよ」、「僕はビジネスが忙しくて駄目だった」などという不愉快極まる言葉を何度僕は聞いているか知れない。真のスポーツマンシップは絶対にかかるアリバイを拒否する。もちろんゴルフは極めてメンタル・サイドが大きな影響を与うることは事実である。しかし、たとえいかにコンディションが悪かったにせよ、いかなる事情に条件づけられたにせよ、一度ゴルフトーナメントに出場した以上、ベストを尽くして勝って傲《おご》らず、負けて恥じず、虚心坦懐、一切を弁解せざるもの、これこそ真のスポーツマンシップである。徒《いたず》らな弁解はオポーネントに対していかに不快であり失礼極まるものであるか多言を要せぬ。

トーナメント出場者諸氏よ、勝たんがために全力を尽くして戦え、いかなる遊技本位な気分も極力排除して最後のワン・ショットに至るまで、真剣に戦え。この意気無く、この精神を快しとせざる人あらば、トーナメント出場を遠慮してほしい。吾等は常に真面目と神聖とをもってトーナメントを守るべきであると信ずる。

重ねてゴルフの真髄を説く。

ゴルフにはゴルフそのものと、勝負を争うゴルフとある。ゴルフそのものは技術である。上手か下手かという問題に関連する。同時にゴルフ技術そのものは僕は一つの芸術だとまで考えている。技術を磨くことによってゴルフの芸術的心境がこんこんとして尽きず、脈々の生気をおび深い味わいを持つものだ。人々はここにゴルフを運動として考え、これをエンジョイする。

しかし勝負を争うゴルフはまったくこれと異なる。

上手なもの必ずしも勝負に強いとは限らぬ、技術の劣っているものでも十分勝つ機会がある。そこには勝負の強さというものが大きな役割を持つのである。来朝したカナダのラグビーチームの技術はなっていなかった。にもかかわらず、彼等は常に日本人チームを圧倒していた。何の故か？　彼等の所謂《いわゆる》強さのためだ。小器用な小細工な日本人チームは強さを欠いていたので、技術そのものは優れておりながら敗退の憂き目を見た。一例にすぎないが非常に面白いことではないかと思う。

勝負は勝たんがためのものである。平素の練習にもベストだ、そしてトーナメントにはベスト以上のものを尽くすべきだ。僕の主張はこのベスト以上の一語に尽きる。

僕が日本に帰ってきた時、日本人は病人ばかりではないかと不審に思った位だった日本人は理屈が多い。アリバイとエクスキューズにはひどく長じている。が、あにはからんや勝敗を繕うアリバイにすぎないとわかった時、僕はひどく不愉快になった記憶がある。

僕はしばしば勝負は二の次だという英国流のスポーツマンシップ論を耳にする。不快も極まれるものだと思う。これは英国の専売で偽善的な逃げ口上である。赤裸々なスポーツマンシップを包み隠して、自己逃避をするものである。今日英国のスポーツに米国に勝ち得る何のスポーツがあるか、事ごとに選手権を奪いさられて見るかげもないのも故あるかなである。しかもスポーツマンシップの名に隠れて自己弁明につとめる。まったく似て非なるスポーツマンシップだ。

われらは勝負を争う限り勝たんがために全力を尽くすべきだ。最後の一秒最後の一投一打を争って常に公正でありしかもその決するや淡白にして明朗なるもの、これがトーナメントゴルフの真髄であると思う。

僕は既にこれを説くこと久しい、しかもなお偽善的なスポーツマンシップを耳にすることがしばしばある。たまたまアマチュアチャンピオンシップを目前に控えてことにこの感が深い。日本のゴルフも英米を渡り歩く時代になっている。生やさしい練習や、勝負の観念をもってしてはついに世界の覇権に見放されてしまうだろう。敢えて偶感を述べて日本の全ゴルファーに苦言を呈する次第である。

（GOLF／目黒書店　1932年6月号より）

夏の練習をされる方へ　特に初心者のため

ゴルフのスコアをよくするばかりがゴルフではありません。この暑い日盛りに妙な球を打ちながら、スコアと首っぴきでまわるなどはあまり感心したことではありません。

やはり良いフォームからでなければ出ない綺麗な球を十に一つも出しながら朗らかに愉快に歩くのが、この暑い夏のゴルフではないでしょうか。

あなた方はあまりにもグリップが堅くなりすぎてやしませんか。

軽く両手の3本の指だけでクラブを吊るすようににぎり、放膽（ハウタン／中国語で思い切っていく意。編集部注）にクラブを振って球に当たったときの快味をご存じでしょうか。

あなた方はあまりにも球を打つということばかりにとらわれてはいないでしょうか。

あまりにも球を見つめすぎていないでしょうか。

もっと楽に、朗らかに球をお打ちになれませんでしょうか。

この頃は特に tight grip とか cocking of the list とかいうことがあまりにも言いはやされていませんでしょうか。

ゴルフは、ことに初心の方々はあまりに detail にとらわれないように、free にやわらかにクラブを振ることによって、愉快な綺麗な球がたくさん出ると思います。

ことにスタンスなどに、やれオープンとか、やれスクエアだとか、クローズなどと、口やかましくいわれますが、そんなことにとらわれずに、のんびりした気持ちで、球に向かい、球の位置に気を付けて（所謂左かかとの位置）打たれることが大事だと思います。

またアプローチ・ショットにしても、あまりにもジャーキー（jerky　ぎくしゃくと。編集部注）に、はげしく球を打ってはいませんか。

もっとなめらかにゆっくりと打ったならば、その結果はより以上よくなりやしませんでしょうか。

パットにしたところがそうです。

あなたがたはあまりにもフォームにこだわりすぎてやしませんでしょうか。

パットはただ、コンスタントな練習と、自信さえあれば子供にだって出来ることなんです。

大体こうしたことだけ気をつけて御練習になったら、スコアは悪くなるかもしれませんが、愉快な綺麗な球が出ることが多くなろうかと思います。


（GOLF／目黒書店　1932年8月号より）

ゴルフの真髄は何か

【個性の進歩が理想】

ゴルフの他のスポーツと異なる点は、それが極めて個人的なスポーツであり、ゲームであるということである。団体的なスポーツなら、いろいろ違った点や個性を持っているものを、ある程度一つの型に作りかえることも出来るであろうが、ゴルフではそれがまったく不可能である。ゴルフもある時代には、大多数の人をある一つの型にはめこみ、ある一つの方向に導くことが必ずしも不可能ではなかったが、ゴルフが今日の如くあらゆる階級、あらゆる年齢にわたって普及してくると、ゴルファーに一つの型を強いることがますます困難となってくる。むしろ各自の個性を明らさまに発揮させ、それを進歩、洗練させ、技術の進歩が個性の進歩と相伴い、それぞれ違った型における完全なゴルファーの出来上がることが理想である、と最近私は考えている。

【若い人のゴルフと老年のゴルフ】

年の若いプレーヤーで、もし体も強く時間の余裕も十分ある人ならば、力一杯のゴルフをするのもよい。たとえ時にミスがあっても、その力一杯のゴルフの中に、自らゴルフの楽しみを感ずるであろう。しかし、体にも時間にも恵まれない人に、それと同様のことを望むのは無理であろう。

また、四十歳代、五十歳代の人々に、二十歳代の人々に望むような、力一杯のプレーをすすめることも当を得たものではない。中年以後になると、若いプレーヤーの味得するような、力のこもった冴えたショットを味わうという余裕はないし、また事実なかなか出来ない。自然その日、その日の勝負に心を奪われ、早くなんとかしてうまくなろう、スコアをよくしようと徒らに焦ってしまう。

この2つの例を対照してみても、ゴルファーは体にも個性にも、また自分の意図においても、それぞれ異っていることが了解されることを思う。

【基礎は正しい方法に順《したが》う】

ある人が私にたずねた。

「どんなスウィングをしたらいいのか、どんな練習をしたらいいか」と。

しかしこの質問に対しても私は軽率にある一定の断案を下したりスウィングや練習の型を指示することは出来ない。問題はゴルファー自身の備えている個人的条件に依るからである。ゴルファーは、自分で考えて一番効果のあると思う方法なり、型なりを選び、自分で自分のものを作り上げるようにするのが最も正しい自己完成の道であって、斯《か》くあるべし、斯くすべし、などと教えることは間違っているように思う。

しかし誤解をしてはならない、即ち初歩の間は先ず人に教わり、それが出来てから自分の練習法を見出すようにしなければならない、初めから我流を押し通すことは決して大成の基でないことは勿論である。

【パジャムの名言】

次の話は、最近英国から帰ったあるゴルファーの土産話で、丁度引き合いに出して興味があると思われるのでここに御紹介する次第であるが、その人は最近、有名な英国の選手パジャムのレッスンをとり、一緒にラウンドした。パジャム（アルフ・パジャム　編集部注）はコットンに次ぐ英国の大選手であるから、千載一遇の好機とばか

り、同氏はパジャムに向かって、

「あなたはヒップ・アクションをどうやってるか」「インパクトではどんな気持ちで打つのか」

というような、ゴルフのテキストにある項目をたずねてみたところ、彼は、

「私は一切そんなことを考えたことはない。私はただナチュラル・スウィングをしているだけだ」と答えた。それだけではどうも掴みどころがないので、再び、

「あなたは本を書いているじゃないか」と問い返したら、

「本を書いたが、あの本を読んだところで、ゴルフはわかりゃしない、私は自分の書いた本だがお薦めは出来ない」と答えたそうだ。

その人はこの話を非常にユーモラスに話していたが、またもって大いに学ぶべきものがあると感じている。

結局いろんな型があってこそゴルフは面白いのである。サラゼンのようなぎこちないスウィングのゴルフであり、ボビー・ジョーンズのようなスウィングもゴルフである。たとえボビー・ジョーンズが、サラゼンに負けたと仮定しても、それを以てボビー・ジョーンズのスウィングが見劣りがする、とは誰も言う人はあるまい。

しかし次の一つのことだけは一言付け加えておきたいと思う。それは早く巧《う》まくなろうとしてはならないことである。巧まさというものは、自然に出来上がるもので、

ひとりでに巧まくなってくるのを、じっと待っているようにすることがよいのである。

【気分　コース　技術の三位一体を期せ】

以上のことはゴルフの技術的向上についてであるが、ゴルフは技術のみでなく、もっとゴルフ本来の味を尽くすべきものであることを知っておいてほしい。大多数のゴルファーは余りにも勝負にこだわり過ぎる。ある中年のゴルファーは「家族の手前カップでもとらなくてはならない」と言っていた、それも一応うなずかれぬこともないが、といってその範囲を少しも出ないゴルフをして、明けても暮れてもカップカップで、エチケットも構わぬというやり方は、決してゴルフの本道に副《そ》ったものではない。先ずこの勝負主義のゴルフを止めて本当のゴルフを楽しむことこそ、次には良くレイアウトされたコースで、心ゆくばかりゴルフを楽しむ、というところまで行かなければならない。

私は今良くレイアウトされたコース、と言う言葉を用いた。それはゴルファーの中には、まだまだ、ゴルフコースに対する知識のない人が多く、極端になると、ゴルフコースは球を打つ場所と、グリーンとがあればそれで十分だ位にしか考えてない人すらあり、その人達の認識を是正したいと思ったからである。

ゴルフコースの設計者は、コースの地形、風景、ホールのバランスなど、あらゆるコース築造の要件を考慮に入れて造るもので、良きゴルファーは良くレイアウトされたゴルフコースから生まれるということを言われるのも、あながち理由のないことではないのである。

あの広大なゴルフコースを我が庭園とも思えるゴルファーは世に幸福な人々である。ましてや良きコースを持てる人は更にその幸福は大なりと言い得られる。ゴルファー達は、のんびりした気分を持ち、良くレイアウトされたコースを、それぞれのゴルフ技量を尽くしてプレーをする、ゴルフの楽しみは、自らそこに生まれるであろうし、この気分　コース　技術の三つを一体となし、個性の向上を意識しつつ進むことこそ、近代ゴルファーの道ではないかと私は思う。

もし、マッチに勝ち、技術が進むというようなことがあったとすれば、それは前に述べたゴルフ生活の結果としてのみ表れるものであってほしいと思う。

（ＧＯＬＦ／目黒書店　１９３９年1月号より）

ゴルフ随談

【手】

手の大きいことで有名なのはハリー・バードンである。しかし手の大きいのは一人バードンだけではなく、他にいくらも居る。大体に有名なゴルファーとなると、手が大きいように思う。手が大きい、というよりも指が頑丈で、太くて、そして強いのである。一面これは指が頑丈で強いから、有名なゴルファーとなった、とも言い換えることが出来るであろう。何故かといえば、指が強く、即ちリストの力が強いほど、球を強く打つことが出来るからである。

だが、これは単にゴルフをやるに有利であるということであって、それだけでもってゴルフ上達のすべての条件だと解釈してはならない。単に体型上、手の小さい、リストの弱い人に勝るという意味である。これをよく働かせるならば、益々ゴルフは上手になるが、もし怠けて、折角の有利さを殺してしまったのでは、ゴルフ上達は決して望まれないのである。

英国にミッチェル（エイブ・ミッチェル 編集部注）という有名なゴルフの達人がいる。彼は子供の時から鉞《まさかり》を振って、木を割っていたがために、リストが強くなったのだということであるが、彼のロング・ドライブは非常に有名で、彼に敵う者はほとんど無かったとまで言われている。

日本にも手の強いゴルファーがある。私の知っている限りでは、茨木の宮本（留吉 編集部注）がそうであり、霞ヶ関の小池（国喜代 編集部注）がそうである。宮本には確か六甲の山にいた時分から、リストを強めることの工夫をした話もあるようであり、彼がプロ選手中、所謂ベテランの部に入りながら、今日なお若い者に負けず、老いて益々盛んな理由の一つは、彼が強いリストを持っていることにある。と評しても過言ではないだろう。小池も他に並ぶ者のない位の強いリストを持っていることは、彼の体力検査によって示された。私も一時大いに期待を持ったことがあるが、彼ついにゴルフの勉強足らず、あたら天賦の才を空しくしている始末である。

アマチュアにもこのような体型に恵まれた人がある。関西のアマチュアは全然知らないが、関東では朝霞の廣瀬治郎君、学生ゴルファー原田盛治君などはその良き例である。その指は頑丈でリストは強い。以上述べた選手達がプロアマチュアいずれの中でも、他に優れて飛ばし屋であることは、強いリストが、ゴルフに有益であるという最も良き証左であろうと思う。

しかし前にも述べたように、練習、精進が他と同様の場合、この天賦の体型が有利であるというだけの話で、これを真に活かして使うことを考えなければ、何にもならないのである。

【クラブ】

もう4、5年にもなるだろうか、重いクラブを使うよりも軽いクラブで打ったほうが球が打ち良い、結局ゴルフには軽いクラブのほうが良いようだ、ということを言いふらす人が非常に多かった。しかし、私の持論はこれと全く逆である。私は軽いクラブで打っていることは、決してゴルフに上達する所以《ゆえん》ではなく、重いクラブを振ってゴルフをやることが、結果において遥かに良い、これがゴルフの常道である、ところ信じている。その理由は次のごとくである。

軽いクラブでボールを打つことはなるほど打ち易い。クラブのスウィングがし易く、早く球を自由に打てるようになる。なんでも早くゴルフのボールを打って回ろう、という性急なゴルファーには、軽いクラブは使いよいものである。レッスンをとり、クラブの相談を受けたプロ等も、軽いクラブを振らして、早くボールを打てるようにしてやることは、職業上さもあるべしと思われる点もあるが、さてしかし、これはゴルフの正道ではないのである。

なぜ軽いクラブを振ることがいけないかということについては、スウィングの根本に関係して話さねばならない。

私はゴルフ・スウィングはクラブを振ることではなくクラブに振られることが大事だと考えている。軽いクラブを使ってスウィングをすれば、クラブを自分の腕や手で振るようになり、多くはスウィングの軌道を外してしまう。また軽いクラブは玩具のように扱うことが出来、球も打てるが、小手先の打球に陥って、ゴルフがまとまって来ない。ディレクションが定まらず、球の行方が乱れてしまう。

しかし、もしゴルフを重いクラブを振ることから始めるならば、これとまったく逆の事実が表れる。即ちクラブが重いために、振りにくい、球が容易に打てない、日数が経過するのに上達が遅い、というような嘆聲《たんせい》も出るであろうが、重いクラブを使っているために体がクラブに振られ振られてその間に正しい体のこなし、体のスウィングが自然に出来上がってくる。球を早く小器用に打てない代わりに体のスウィングが先に出来てくるから、一旦体が出来て球が当たり出したなら、ディレクションは正確となり、ゴルフがまとまってくる。これこそ本当のゴルフなのである。早くうまく（なる）なら、早く球を打って人と勝負をしよう。とすることは、すべて間違いの因《もと》である。重いクラブを使うことは、この意味において非常に有意義であると私は信じている。

またこういうことも考えられる。即ち軽いクラブばかりでゴルフをしている人には、重いクラブを使うことができないが、重いクラブを充分使いこなせる人は、軽いクラブをも自由に使える、ということである。即ちクラブのコントロールがよく出来るようになる。

プロなどは子供の時から、無意識にやっているから、これは大した問題にはならないが、アマチュアは、なんでも打ちいいもの、打ち良いもの、と手を染める傾向があるので、特にこの点に私は注意をしたいと思うのである。

軽いクラブより重いクラブを振るほうが良いという私の持論は、かつてヘーゲンによって裏書きされたことがあって、それ以来私は自分の考えに自信を持つに到った。ヘーゲンが最初に日本に来朝した当時の話であるが、私はヘーゲンに向かって、何オンスのクラブを使っているかを訊ねてみた。すると彼は、次のような興味深い返事をしてくれた。それによるとヘーゲンは英国のオープンチャンピオンシップに勝ったとき、前日まで使っていたクラブをやめて、急に17オンスのクラブを作ってそれをチャンピオンシップ当日に、平素使ってるものよりも重いクラブを使った訳である。

私はなぜ重いクラブを使ったかを問い質したところ、彼は軽いクラブを使っていると、ゴルフに一生懸命になったとき、クラブの感が無くなってしまうから重いのに替えたのだと答えた。

非常に緊張した試合になると、グリップもリストも平生と変わった感じになり、体に受けるクラブの重さを感じなくなる。重いクラブであればある程、体の緊張に負けざるクラブの重さ、力というものを感じ、そこに絶えず、クラブの感、スウィングのリズムというものを失うことなく、白熱したマッチの全行程を切り抜けることができる訳である。かくて私の持論はヘーゲンの言葉と偶然一致をしたのであって、それ以来今日まで私はこの考えを持ち続けている。

重いクラブを振ることは若い者はともかく、老人には不向きではないかと反問される方もあるかと思うが、私は老人でも何ら差し支えはない、いやむしろ老人には特に必要であると思っている。何故なれば重いクラブを振ることはクラブの重量の問題ではなく、また強いて腕力を強めるためのものでもなく、まったくゴルフの根本であるところの体をこなし、クラブに振られクラブの感を得るという理由からであるからだ。ゴルフを正しい道に従って急がず、焦らず根本から築きあげようと志す限り、ビギナーであろうと老人であろうと、誰彼の区別なく、重いクラブを振ることからゴルフを鍛えあげるべきであろうと思う。

繰り返して言うようであるが、ゴルフはごまかしショットをしていてはいつまで経っても駄目だ。

スウィングとリズムがピッタリ合致しなければ球は打てぬ。球を打つと言えば、簡単に小手先だけで打つようにも考えられるが、球は打つというよりも、正しいスウィングをした結果ひとりでに球が当たるようでなければならぬ。球を打つということは、この意味に解釈せねばならない。

軽いクラブを使えば一時的の当たりは出るだろう。だがそれはごまかしショットになりがちである。重いクラブを使えばこのごまかしショットはできない。スウィングとリズムが合った正しい打ち方でなければ、決して真っすぐ飛ばない。故に重いクラブで打つことは難しいことではあるが、出来上がるとそれが本当のゴルフになるのである。これがゴルフの根本である、解り切ったことだけに忘れ易い。当たり前のことほど見逃してしまうものである。ゴルフをやる人は、常にこのように根本を考えてみることを忘れてはならない。

【理想型】

こう言っては甚だ失礼な言い方であるが、地方のゴルファーの中には型なんかまるでできていない人がある。これは良いコーチャーがいないからで、誰の罪でもないのである。あるいはゴルフの型というものについて考えてみたり、それを作ろうとして努力したりするだけの頭に進歩していないからであろうかとも思われるから、あるいはこの質問に答えるのも意味のあることかもしれない。

一体ゴルファーは型にとらわれて良いものか、悪いものか？　これが問題になるであろう。

私はゴルフにはいわゆる理想型というもののあることを認めるが、誰でも彼でも、初めからこの型に嵌《は》め込もうとすることは誤りである。まずゴルフの根本となるものをしっかり掴まえ、それが自然に理想型になり、あるいはそれに近いものになるというのが、正しい行き方なのである。すなわち型は初めに作るものではなく、後に自然に出来上がるものであると考えるのが正しい。

人を教える場合、ある一つの型を教え込むことは手っ取り早くって、一番簡単な教え方であるが、これでは本当にゴルフを教えることはできない。初めに、その人の個性体質をよく見て、それに自分の持っているゴルフの根本知識を施して行くのが、私の考えている正しいゴルフの教え方である。

そのためには教える人それ自身が、ゴルフの根本をよく掴んでいることと、多くの経験とを持っていることが必須の条件である。そして実際に教える場合には、教わる人の個人差を考え、時には、自分のやっていないことをやらせてみることもあり、あるいは理論とまったく異なった方法をやらせることすらもある。かかる時、途中の方法だけを見れば、嘘と思われ、間違いと見られるものであってもそれは方便であり、手段である。それによって結局正しい理想型に導かれるようになされるならば、それで良いのである。しかしこの方法は教える人がゴルフの根本を掴み、頭と経験とを持っていることが前提であり、もしこれを欠いているならば、これは遂に誤れるコーチに終わってしまうであろう。

型なるものはこの意味において考察する必要がある。必ずしも理想型はないのではない、ただゴルファーはその途中で種々雑多な型をしているのである。

このことから考えて、プロのコーチにまだ私は全幅の信頼を置くことができない。彼等は球をよく打つ、しかしそれだけではコーチをする資格があるとは断ぜられない。

ともすれば彼等は、手っ取り早く一つの型を教え込もうとするからである。この欠点を早く取り去ればよし、さもなければゴルファー自身がまずその頭脳をここに働かせ、レッスンの真意を理解することに努むべきであろう。

ここで私は、ではゴルフの根本とは何ぞやという質問を受けるであろう。だがこれはなかなか難しい問題であって、今にわかにそれをはっきりとは説明できない、強いて言うならばゴルフ場においての体のこなし方、とでもいえるだろう。それはまた正しい軌道に乗ったものであることを条件とする。このことは次の一つの例題から、ある程度の判断、理解がなされるであろうと思う。

【スコア】

なるほどそういう疑問ももっともであると思う。ゴルファーは、勝ちさえすれば、ゴルフはいいのだ、ゴルフがうまいのがゴルフの達人だ、と考え易い。ゴルフの正道は球をWell hitすること以外にない。

この正道を理解しない人は、よく次のような質問を発して私を戸迷いさせる。

「スライスが出てしようがない、なんとかして直す方法はないだろうか?」と。

もしこの質問を受けた者がプロであったならば、まずグリップがどうの、肘がどうするのというように、部分的に注意をして直してくれるであろう。しかし私ならば、もっと根本から割出して教えたいと思う。

ゴルフの正道であるWell hitをするには、クラブ、ヘッドの真ん中で、ボールを打てばいいのである。この様に正しい打ち方をすれば、スライスの出るはずはない。スライスを直すには、ここまで遡って直してやることが、根本的な方法なのである。ただゴルファーそれ自身が、即効性の匡正《きょうせい》法を望むので、勢い末梢的な匡正法で一時を糊塗する。

私はスライスの出るゴルファーでも、プルの出るゴルファーでも、それを直すためには、すべて球が真っすぐ打てるように練習をすべきであると考える。小手先で、どんなに一時しのぎの直し方をしても、それは無駄である。一時は直るだろうが、またすぐ元に帰って、スライスやプルが出て来る。何遍直しても、結局これを繰り返すだけである。先ずスウィングを直せ、ゴルフの根本から叩き上げよ、球がよく打てて、スライスもプルも自然に無くなるようにせよ。私はそれを勧めたい。

こう言えばゴルフの根本なるものは、何か非常に達しにくいもののようであるが、決して、そうではない。実はゴルフの入門に聞かせることであり、尋常一年生の教科書にあると同じような簡単なことであり、当たり前のことである。当たり前のことであるだけに、一般の人は気にとめないのである。ゴルファーは何事によらず、細かく、分解的に、多くのショットを学ばねばならないように考えているが、それはゴルフの高等学校であり、大学に等しいものである。尋常一年生でやらねばならない、基礎や根本が出来てないのに、一足飛びに高級ショットを学ぶのは、どう考えても首肯《しゅこう》出来ないことである。

最も正しいゴルフの道は、常に足もとにころがっているのである。あまり遠くばかりを見ずに、手近なものから、みっちりやり直してみてはどうであろうか。スライスを直すのもプルを直すのもすべてWell hitに帰する、という簡単にして根本的なものをよく理解されるように望みたい。

そこで私は質問の第二段にある、ゴルフとスコアについて話そう。これもゴルフの根本に関係していることである。それを説明するに甚だ適切な例がある。それはかつて英国であった話である。あるゴルファーが、その子供にゴルフを習わせるにあたり、絶対服従を条件にしてその友人ゴルファーにコーチを依頼した。子供はこのコーチャーの命令をよく守った。さてそこで一体この子供はどんな練習方法をとったであろうか？　他でもない、実に6カ月間というものは少しもコースを回らずに、球を打つことばかりをやっていた。そして6カ月の練習が済んだ後初めてコースを回った。ところが初めてのラウンドにコースも相当難しいコースであったにもかかわらず85か86というスコアを出したのである。

これはゴルフの根本を暗示する良き例である。ゴルフはこういうものである。ラウンドしていれば、ゴルフはひとりでに上手になるだろうというのは誤りである。球をよく打てない人が、いくら数多くラウンドをし、数多くのコースを巡歴しても決して球を打つことが上手にならない。変わったコースの経験を積んだ等ということには決してならないのである。例えばキャディに距離150ヤードと聞き、あるいは自分でも距離の感がよくなった等と思ったところで、150ヤードの球を打つ技が出来てなければ何にもならない。ダフすればショートし、トップすればオーバーをするのである。

常に球をよく打てるということこそ、ゴルフの根本であるということが、これをもってしても了解されるであろう。

これから考えてみても、スコアだけが必ずしもゴルフの標準であるとは言い難いであろう。スコアは自然に出て来る数字であって、無理に作り上ぐべきものではない。スコアの作り方が上手である、ということが勝負ゴルフの要件であるように考えられるが、それはゴルフのただの一面に過ぎない。もちろん正道ではあり得ない。スコアがひとりでに、当然の結果としてそこに表れて来るものである。そこで初めてその人のゴルフは、しっかりした根を下ろしたものと考えられるのである。

よく言われることの一つに〝2オン、3パットより3オン、1パットで行けば良いじゃないか〟という言葉がある。

ただこれは哀れむべき世まい言である。ゴルファーの大多数が、目先の勝負を争う場合には、あるいはこれも一つのやり方かもしれないが、これはいわばごまかしゴルフである。

こんなことを言うゴルファーは、3パットを考えるからいけないのである。なぜこの場合2オン1パットを考えないのであろうか。3オンしても1パットとは限らぬ。2オンで3パットを考えるような人は、3オンでも3パットの腕しか持ってない人であるとも見られる。よく外のショットよりパットだけにうまい人もあるから、この作戦も、まんざら用をなさぬ訳でもあるまいが、私に言わせれば、これはゴルフの一つの逃げ道であって、決してゴルフの正道ではないのである。

ゴルファーたるもの、徹頭徹尾ゴルフの逃げ道、ゴルフの邪道ばかりを歩こうと考えず、明るく正しいゴルフの本道を歩むことに楽しみを求めてはいかがであろうか。

【ウォーミングアップ】

一般スポーツに経験ある人ならば直ちに了解されるであろうが、何によらずスポーツには、ウォーミングアップが必要である。庭球、野球、蹴球等々皆しかり、ゴルフもまた同様である。

ところがゴルファーの99パーセントは、ゴルフ倶楽部に来るや否や、ウォーミングアップをまったくやらずに、いきなりドライバーを持って一番のティーから打って、サッサと回って行く。私はこれを見る度に啞然としてしまうのである。そのままで、幸いよく当たって、良いスコアでも出るならばよい。もし当たりでも悪かったならば、せっかくの一日を不愉快な思いで送らねばならない。

ウォーミングアップをしてから出て行けば、こうしたことを幾分でも少なくすることが出来るのである。スタート前に必ずまず小さなクラブから順次に大きなクラブに持ち替え、適当のウォーミングアップをする習慣をつけるようにしてはどうであろう。

これもまたゴルフの常道の一つである。ウォーミングアップを欠く一つの理由は、ゴルファーにはスポーツ経験のない人が多いからではないかと思う。また経験を持っている人でも、ゴルフ倶楽部に来て、ウォーミングアップをせずにスタートする人を見て、ゴルフはああするものだと誤解しているからではないだろうか。10分でも、15分でも、スタート前にウォーミングアップをしたらゴルフは問題なく愉快にやれるのである。

【ゴルフの理解力】
ゴルフのむつかしさの解る時代はいつか

世にゴルファーの数は甚だ多い。だが本当にゴルフの解っている人は一体何人あるだろう。球を打つ、スコアを数える、ハンディが上がって来る、カップをもらう……そうした進歩があれば、ゴルフが解ったような気持ちになりがちであるが、ハンディキャップ10台ではまだまだゴルフが解り、ゴルフの難しさが理解出来たとは言えない。私が考えて本当にゴルフの解りかけるのはハンディ8か9、いわゆるシングルの関門を通ってからである。もちろんそれで充分ゴルフが解ったというのではない。ただ解りかけたというだけであって、ハンディが、5、4、3、2と進んでからでなければ、ゴルフが解ったという心境に達することは出来ないであろう。

地方のゴルファーは白紙に返って学べ

そういえば地方のゴルファーの中には、まだゴルフのわかる境地にまで達している人は少ない。しかしそれだけに私は諸氏にゴルフを語りゴルフを解くことに張り合いがある。またゴルファー各自が白紙に返って、もう一度、ゴルフとは何ぞや、我々日本人のゴルフ道はいかなるものであるか、を検討される最も良き境域にある、と申してよいと思う。

甚だ手厳しい言い方であるが、内地のゴルファーと接触の機会の少ない地方のゴルファーは、いわゆる井蛙の短見とでも言おうか、如何にもゴルフが解ったような気持ちで居られるであろうが、それは大いに疑わしい、もっともっとゴルフの味わいを深め、ゴルフ道、殊に、日本のゴルフ道なるものの理解に努められては如何かと思う。

自己を相手としたゴルフをせよ

スポーツにも種々ある。しかしその多くは常に相手を求めこれと勝負をするスポーツである。心の修練ということも幾分かは含んでいるであろうが、その主目的は敵を倒すにある。勝てば、すべてが終わってしまう。つまり勝敗がまず第一の目的である。その様なスポーツには、深味というものがない。この意味から考えてみるに、ゴルフは自己が敵手である。己れが相手である、ということは、その深さは無限であり、極むるに終局のないことを意味する。これがゴルフの他のスポーツに優れたるところであり、最も大きな特長の一つである。

勝負ゴルフに終始して、己れ自身を相手としたゴルフをせぬ人は、薄っぺらな人間であり、ゴルフをやっても遂に真のゴルファーたり得ない人である。この深い深いゴルフの道をつき詰め、まったく異なった新しいゴルフの世界を目指して、進んでほしいものである。

［内面的ゴルフ］

内面的な深さを持つ東洋人のゴルフ

このゴルフの新しい世界とは何であるか、それは日本人のゴルフであり、深い味を持ったゴルフであり、東洋人のゴルフである。

表面的なスポーツの上に、内面的な深さを盛った、肉心一如のゴルフである。

外国人のスポーツは表面的であり、いわば薄っぺらである、内面的に深く掘り下げる、ということは少ない。しかし、日本人のスポーツはこれと全く行き方を異にしている。日本人は技術の外に必ず精神的なものを求めねば止まない国民である。

外国流に言えば、単に勝負に勝った人、技術のうまい人は、その道の大家と言われ、一般からも尊敬を受けるが、日本人はこれとは違う。名人と呼ばれ、達人と推賞される人は、技術や体力のみがすぐれた人ではない、いや、むしろ、精神力、人格といったような内面的なものをこそ、名人達人の第一資格としていると言ってもよいであろう。精神の尊厳、人格の高揚が伴わなければ、如何なる第一人者といえども名人に値せぬ、というのが、日本人の伝統的な武道観、芸道観である。

東洋人のゴルフこそ我等の永遠の友たり得る

ゴルフこそは、幸にして、この日本人の伝統に溶け込むことの出来るスポーツである。自己が相手である限り、これを掘り下げるに究極は無い。そこに日本人、東洋人だけの作り得る、新しいゴルフの世界の生まれる可能性がある。我々はここに思いを致して、これからの日本のゴルフ道を造り上げねばならない。

ゴルフはここに到達して、正に我々ゴルファーの一生の友たり得るものである。勝負ゴルフにのみ目が眩《くら》み、単に相手に勝つ事をもって終局の目的としている人は、よろしく反省をされたい。カップも、タイトルも、ハンディの数字も、それはゴルフの真の標識ではない。コースに唯一人立って、瑩々孜々《えいえいしし》として球を打ち、ショットを味わい、球、我と共にあるの境地を求めてこそ、ゴルフの道は豁然《かつぜん》として開けるであろう。これこそゴルファーの高き理想であらねばならぬ。

（ＧＯＬＦ／目黒書店　１９３９年9、10、11月号より）

Ⅲ 赤星家 ゴルフスウィングのプリンシプル

※出典／目黒書店「GOLF」の記事より引用。原文の旧漢字、旧仮名使いを直すと同時に、読みやすいように漢字、平仮名の統一を図り、送り仮名等、一部加筆修正してあります。

「根本を知ってしかる後にプレーせよ」とは四郎、「勝ったら根こそぎ練習だ。
負ければなおさらプラクティスだ」とは六郎。
技術の伝道者であった赤星家のスウィングの原理原則を

ゴルフスウィングのプリンシプル2つの練習法その他

赤星四郎

根本を知ってしかる後にプレーせよ

ゴルフというものは誰でも初めは易しいゲームだと思う。ちょっと打っただけで球が200ヤードも飛べば真っすぐ一流のプレーヤーにでもなれるかのようなイリュージョンにとらわれる。しかしゴルフは決してそんなものではない。

世間にはゴルフを単に遊び事、娯楽にやってるという人があるが、一方にはゴルフをゲームとして好む人もある。ゴルフを単なる遊び事位にしか考えない人には、遂にゴルフの真の楽しみはわからない。ゴルフをゲームとして楽しむ人こそ本当のゴルフがわかるのであって、それはまた並大抵の努力では達せられないものである。ゴルフの難しさはそこにある。

いわゆる芸術家、すなわち書家であるとか、作曲家であるとかいう人は芸術それ自身に打ち込み、それを楽しんで何等他を考えない。ゴルフゲームもそれに打ち込んで楽しむのでなければその真髄は把握出来ない。

ではゴルフをうまくなろうとするにはどうしたらよいか。それにはまず「いかようにしたらよいのであるか」の根本をつかみ、しかる後にプレーを始めるのがよい。

スタディするということは何も本を読めという意味ではない。「何が一番大事なプリンシプル（原理　編集部注）であるか」を学ぶことである。その根本をつかまねば100の読書も何の役もない。「無茶苦茶に200、300の球を打つよりも、よく考えて30の球を打て」というのは至言だと思う。

ここにゴルフに対する第一の眼が開かれる。

原理の上に自己を創作せよ

またよくあることだが、ゴルフの習い初めにボビー・ジョーンズのスタイルを真似しよう、トミー・アーマーのアイアンショット、ウォルター・ヘーゲンのパッティングを習おう、とそればかりに囚われる人がある。が、これは非常に誤った考えである。人間には一人一人インディビジュアルな（固有の　編集部注）スタイルがある。それを恰好だけ見て真似しようというのは、ちょうど、継ぎ足しのようなもので決して自分のものを作り上げることが出来ない。「創作と焼き直し」ということがある。創作は重んずべきで焼き直しはいくら面白くともついに創作に及ばぬ。他人のコピーはいくらよく出来たつもりでもその人以上に出来ない。むしろそれ以下にしか出来上がらない。

しかしここに再考三考すべき事柄がひそんでいる。何か？ 一人一人インディビジュアルなスタイルは異なるが、「メソッドは皆同一である」ということである。個人個人の骨格の差によってメソッドの活用法、やり方は違うが、真の目的、根本というものはあらゆる人にとって何時も同じである。

単なる外形上のコピーは何等の益はないが、この根本のメソッドをつかむことは大切なことである。

世間には自分をナチュラルゴルファーだと言ってる人もあるが、自分は決してそうではない。セオリーを考え、自分で練習し、プレーを作り上げたのであって相当の苦心もしている。ゴルフはまず根本をつかんでしかる後、自分のゴルフを作り上げねばならないものだ。

ではゴルフのセオリーとは何か？

根本セオリーとは何か

ゴルフスウィングの根本はクラブヘッドが正しく球に当たることがまず第一条件で、次には球を打つ時にクラブヘッドにスピードが入る、いわゆる「球が正しく遠くに飛ぶ」ことである。スウィングの練習とは、結局この根本である球を打つ時にどうしたらクラブヘッドにスピードが出せるかを研究し、これを作り上げることである。

多くのプレーヤーは前に述べた目的を達成するために、大体次のような二様の練習方法をとっている。

1　スウィングを先に作り上げる行き方で、機械的にスウィングを作り、スウィングが良くなれば自然と球が楽に当たる。

2　スウィングを二の次とし、まず球に当てることを考え球に正確に当たるに従ってどうしたらクラブヘッドのスピードが出るか、すなわち後からスウィングを作って行く。

この2つの練習方針のうち、1はいわば碁や将棋の時に定石を学んで勝負を決して行くやり方であり、2は定石は知らないが何でも勝負をして勝って見せるという気構えに相似たものであって、それがだんだんより以上に強くなるために定石を学ぶ様になり、この二筋道は結局において合致して来る。

しかしこの2つの方針は初めは別個のものだから、ゴルフ練習の始めにははっきりさせておかねばならない。

個々の原理の統一完成

またゴルフの技術を書いた本を読む時に注意しなければならないのは「よく体を使え」「腕で打て」「リストを使え」というように色々書いてあるが、これは既に球に当てることが出来、また当たるものだという前提のもとに書いていることであって、球の打てない練習の初めにはこうしたことに囚われてはいけない。いくらピボットがついても手や肩に力が入ったり、手で打とうとしても体が廻らなかったりしたのではクラブヘッドにスピードを出せる訳はない。それゆえこれらの必要条項がすべて一致して、クラブヘッドにスピードを出すにはどうしたらよいか、これが常に問題となるので、プレーヤーはこの点をプロについて教わるのである。

レッスンのエイム（狙い　編集部注）は何か

プロフェッショナルはまた、どこを狙って教えるのかといえば体を硬くせず、腕や体を自由にし、球に当たる時だけ全身が緊張し、クラブヘッドにスピードの出せるようにと狙って教え込むわけである。

これは一つの例であるが、本人は力を入れて打ってるつもりであるが仔細に見ると、肝心のクラブヘッドに力の入らない人がある。力の入ってるというのは実は手のヒラとか体だけであってクラブヘッドでなかったというわけである。そういう人にはなるべく体を楽にし、力を抜き、リストだけしっかりしてヒットスルーすることを教えて行く。

匡正の一例

婦人ゴルファーは体が柔軟なのでピボットはつき易いが体と手が別々に動いてクラブヘッドに力が入らない。それを直すにはリストからクラブヘッドを上げさせる。するとリスト、従って肘から上がるようになり、だんだんヒッティングがしっかりしてくる。

今度は今と反対の場合もある。手や肩でのみ打つとヒッティングはしっかりする様に見えるがピボットがつかないのでクラブヘッドに力が入らぬ。この例から見て体のよく利く人、すなわちピボットのよくつく人はともすれば手がおろそかになり、手で打つ人は体がおろそかになって硬くなることがわかる。この欠点を相互に直して手でもなく、体でもなく、すべて一致し、体全体に同時に力の入るようにするのがスウィング練習の主目的となる。

レッスン練習の主目的

しかし時には欠点をそのままにし、特長をよりよく生かしてやるという場合もある。まずピボットであるが、人によって体の右廻りの楽な人と左廻りの楽な人とある。それによってオープンスタンスとかクローズスタンスとかが定められるのであるが、また右がよく廻るからそれを生かして球を打とうとか、反対に右をチェックして不得手な左を廻そうとかいうことになる。

左右胴の伸縮についても同様、十分に伸びるほうを生かすか、あるいは伸びるほうをチェックして伸びないほうを伸ばそうと努力する。またリストの強い人はリストを生かすか、あるいはリストをチェックして腕や肩を生かすか、やり方は色々にわかれるが、その何れをとったらよいかはプロに聞き、自分でも研究をし、スタンスもグリップもピボットも一致するように心がけるのがよい。繰り返して言うがこの一致を狙うことがスウィング練習、プロのレッスンの主目的である。

（GOLF／目黒書店　1935年6月号より）

左・四郎、右・六郎

ゴルフスウィングと体の使い方

赤星四郎

まえがき

この項を書こうと思った動機は私自身が正体術の「体の使い方」をゴルフに利用してみて非常に良い結果を得たからである。

以前に私はゴルフをやった後に按摩やマッサージを必ずして居ったが、この34年前山本榮男氏から正体術は足や手の凝りに大変良いからといってその先生高橋迪雄氏を紹介された。会っていろいろ話を聞いてみると、高橋氏は体の使い方について非常に研究をしていることがわかった。

体の使い方が悪いと肩や脚の筋肉が凝って痛くなる。ゴルフのスウィングも、体の使い方が正しければ体が痛くなることもなく、また良い結果が得られるというのである。ともかく私はそれをやってみた。そして体の使い方を少々なりとも覚えた結果年をとったにもかかわらず疲れが少なくなり、ゴルフスウィングにも大変役立っていることを感じている。

それで体の使い方からゴルフスウィングの研究をやったら一般ゴルファー諸氏にも得るところが少なくないと思いこれをおすすめすると同時に体の使い方とゴルフのスウィングを結びつけて書いてみようと思う。

ヒッティングは必須

体の使い方を書く前にゴルフで一番大事なヒッティングについて述べたい。これを認識することが、体の使い方の研究に対する最初のスタートだと考える。

ゴルフというものは毎回言ってる様に球を正しく打つことが最も大事なことである。球を正しく打つというのは球の真ん中を打つことで真ん中を打ちさえすれば球は真っすぐに飛ぶのである。中にはスウィングを良くすれば球は真っすぐに飛ぶと言う人もあるが私はそうは思わない。見たところスウィングが悪い人でも球の真ん中に当てると真っすぐに飛ぶ、スコアも良いといったゴルファーがたくさんある。バックスウィングが少し変であっても、フィニッシュがおかしくとも、球を正しく打ってる人は球が真っすぐに飛んで良いスコアを出す。反対に良いスウィングをしながら球の真っすぐに飛ばないまたスコアの良くない人もたくさんある。それは球の真ん中に当たらぬ人である。

だから問題は打つことの研究に帰するわけで、それにはヒッティングポジションをきちんと決めることを習うのが良い。バックスウィングはどうとか、リストはこうとかいうのは二の次で、それは球に当てることを習った後に習うべきものである。

さてこの大事なヒッティングポジションが解ったとしたならば次には体を楽にして球を打つ時に力《スナップ》が出るにはどうしたら良いかを考える、これがすなわちスウィングの研究になる。ただ力一杯に打ってるだけでは球に当たる時のスナップを出すことは出来ずすなわちスウィングにはならない。楽にやってスナップが入ること、これが練習の眼目である。無理に打たずに遠くへ確実に球を打つ、これがゴルフのスウィングの終局である。そこに私は必然的に体の使い方の研究が出て来るのじゃないかと思う。

運動は労働ではない

ここで一言言っておきたいのは運動は体を痛くあるいは疲労させるのが目的でないということである。労働は疲れるものだが、運動はかえって体の凝りをとり、精神を爽にし、愉快な気持ちになるのが真の目的で、決して苦痛を伴わないものでなければならない。

それには体を疲れさせないように使い、球を打つ時のタッチと言おうか、微妙な球の当たり具合から来る技術の楽しみを味わうべきである。体の疲れを最少にし、球を真っすぐに打って精神を爽快にすることをゴルファーの目標としてほしい。

労働の力と運動の力

高橋氏の言う言葉に労働の力と運動の力というのがある。労働の力というのは力を初めから終わりまで体全体に入れ放しにしておくことである。

例えば重い荷物を持って歩く時には体全体に力を一杯入れたままで持ちこたえる。ゴルフでいえば、アドレスからトップオブスウィング、ダウンスウィング、全部を通じて力を硬く入れっ放しで振ること、これが労働の力である。

運動の力というのはこれと反対に初めは楽にし、ただ必要な時に瞬間的に体全部の力を入れることで、ゴルフでいえば楽にクラブを上げ下ろしし、ただインパクトでスナップを入れる時だけに力を入れれば良い。これが運動の力と言い、労働の力よりも楽に、そしてまた力が瞬間的に入るだけなので長い時間やっても力を入れる分量は少ないから疲れぬのである。

この二つの力を比べてみると、労働の力は力を休みなしに長く続けてるだけで必要の時には八分目の力しか出ないが、運動の力は瞬間的に全部の力を用いることが出来、また疲れも少ない訳である。

ゴルフはこの運動の力を使うようにしなければならないものである。

末梢の力と体の力

末梢の力とは手先、足先の力を言いこれを先に出すと体力は出なくなり、その結果体は使えないことになる。体の力は体、特に下腹と腰の間から力を出すと体全体の力が出る様になる。一般に末梢に力を入れがちであるが、それは非常に体を疲れさせ肩を凝らせたり、足が痛くなったりする。だから何の運動でもそうだがよく体の力を使えと教えられる。この体の力を使うにはどうしたら良いかを考えなければならない。

昔から剣道、柔道には寒稽古と暑中稽古というものがある。これは末梢の力を使ったのでは永続きがしないから、体からの力を使い、瞬間的に力を入れ疲れを少なくすることを覚えさせるためのものである。

若い者達は稽古馴れをしないうちは末梢の力を使うので疲れが早く来て、手の上げ下ろしが出来なくなると自然的に体を使うことを覚えるので、稽古を積めば自然始めからこの疲れを抜いて体の力を使うようになる。これを先生より自然に教え込まれるのが寒暑中稽古の大きな目的な訳である。

これが奥義へ入るといわゆる秘術というものになり体から手のほうに力を入れさせ、力の倹約をし、瞬間的に力全部を出せるようになるのである。

菱《ひし》ぐということ

末梢の力を使う人をゴルファーに見立てると面白い。末梢の力すなわち体を使わずに手だけでクラブをバックスウィングすると手は右上に上がるが、反対に左足を右手と対角線の方向に踏ん張り、写真（P179 編集部注）のようになる。今度は末梢の力を使って打ち下ろすと右手右膝が収縮して右足で踏ん張り、やはり左手と右膝は対角線に力を使うようになる。

これでは体に力がこもって球を飛ばすという肝心な目的の力がなく単に右手と右膝の収縮のみになる。これはいけない。よく本に書いてもある通り、またボビー・ジョーンズの写真にも見るように、クラブのバックスウィングは末梢の力を使わず体を使って上げるようにすれば手も自然に一緒に上がり苦労も少ないしまた体で打ち下ろせばちゃんとしたスウィングになる。

前に対角線に力が入ると言ったが、これを正体術から言えば菱ぐという。つまり末梢と末梢が対角線に力が入ることである。正体術では左右両肘と、左右両膝を四天王という、体を動かす時にはこの四天王が一緒に動けば良い、すなわち右肘の上がるバックスウィングでは左右の膝及び左肘も右に行き、フィニッシュでは左の膝と肘が左に来るようになり、それに伴って右の肘と膝が左に行くと正しい体の使い方になる。が対角線に動く場合には、この一致が乱れて右肘と左膝、左肘と右膝が対角線に働いてしまう。特にこれは御老体の方々に多い。これは体を動かすまいとするからである。また萎げば萎ぐほど疲れて来るから御老体は自然に若い者より疲れる様に体を使うのである。スポーツは子供の時からやれというのは、子供は自由に体を使うので、この萎ぐことを自然にやらずに楽に体を動かすからそれが青年になっても子供の時に覚えた体を使う楽な方法をやるからだ。

筋肉は柔らかいのが良い

末梢に力を入れて萎げば筋肉が疲労する。それは力が筋肉を使うことになり隆々たる筋肉にはなるが、運動には不向きになる。労働者型の筋肉は非運動家的で体の使い方の原則からすれば筋肉を使わずに力を瞬間的に働かせるようにすべきで、真の運動家は大抵柔らかく長い筋肉のものが多い、水泳にしても野球にしてもすべての世界的大選手はこうした筋肉の所有主であることは、よくこの間の理由を裏書きしている。

力は体の中枢から出すべきで抹梢から出してはならない。堅くなったらよくマッサージをして何時も柔らかな筋肉を保ち、瞬間的に力を入れることを研究することが望ましい。

ゴルフを例にとってみる

原則としては、力の入ったサイドは硬くなって廻らぬがウェイトはそのほうにある。柔らかいほうは廻るがウェイトは柔らかいほうにはないものだ。まずアドレスでは体を楽にしてどこにも力を入れないようにし、バックスウィングで右サイドに力を入れると、力の入った硬いほう（すなわち右）にウェイトが乗り、左のほうを柔らかにすれば左側が廻り、ピボットが良くつく。

ダウンスウィングには反対に左サイドを硬くすればウェイトは左に行き、右が柔らかになる。

このとき末梢で打たずに体で打つことが大事である。これは釣り棹に例をとるとすぐわかる。釣り棹は元が太くて先はしなやかである。今棹の太い元を少なく動かしこれを急に止めると先が柔らかだからしなりが出る。それがゴルフのスナップである。

ゴルフスウィングでは球を打つ時、胴の回転は少なくても良い。釣り棹の先に当たる手や手首を楽にし、棹の元に当たる体の回転を急激に止めると柔らかい先の手、肩、肘、手首が全部一緒に伸びてスナップが出る。もし手や肩を硬くしておくと、いわゆるしなりのない棒で打つのと同様スナップが出ない訳である。

（GOLF／目黒書店　1934年4月号より）

菱いだかたち
(GOLF/目黒書店　1934年4月号より)

スウィングは正しい基礎の上に築け

赤星六郎

ボビー・ジョーンズの言っていることは僕がずっと前から言っているのと同じことである。彼の言っていることは何れもゴルフのファンダメンタルで、わかり切ったようなことだが、実は最も大切なことである。

たとえば手と腰の問題にしてもどちらも重要な役割をしてるのだが、スウィングの基礎としては腰のほうを先に考えなければならない。サラゼンの言う手が先だということも腰が十分動いているから言えることであって、また彼ほどの人間なら、手でコントロールすることは至当であるが、スウィングの基礎を説くものとしては適切な言い方ではない。

近衛文隆君が帰って来た当時、手のヒッティングということを述べ、そのために一時ゴルフは手で打つものだということが正しいように思われたが、実際文隆君のスウィングを見ると、腰が十分廻っている。それだからこそ手のことを言えるわけで、誰も彼もが初めから手だけで打つものと思うのは間違いである。ボビー・ジョーンズがこの点を看破しているのは、彼が十分ゴルフのファンダメンタルを知り尽くしているからで、これは一般ゴルファーもよく了解してほしい。

何といってもゴルフは基本が大事である。いくら言い古したことがあっても、基本には少しの嘘も変化もない筈である。ボビー・ジョーンズが小さなスウィングに変えず今なお、大きなスウィングで打ってるのも、彼のスウィングの基礎がしっかりしてるからで、それ故にこそ依然として良い球が打てるのである。ゴルファーは一にも二にも基礎を本位に練習するよう心掛くべきである。

ローソン・リトルのスリークオータースウィングはコントロールのためにやってることだろう。そしてそれは非常に有効のようである。しかし大きなスウィングをしてる者が急にスウィングを小さくしても、すぐにコントロールがよくなるというのではない。これには良い例がある。

例のチック・エバンスは大きなスウィングの男であったが、それをスリークオータースウィングに変え、ほとんどハーフショットに近いまでに小さくしたことがあった。ところが一向成績がよくない、それで散々悩んだ揚げ句また元に帰ったという話である。

エバンスはキャディから上がってあまりセオリーに通じないので、うっかり人の言説に惑わされたのであろうが、セオリー、つまりファンダメンタルのことを本当によくわかっていないと、こういうことになる例もある。
サラゼンが一度オープンを取ってから、何かと人にちやほやされ、自分のスウィングを解説するようになったら、彼はバッタリ強みを失ってしまった。ホートン・スミスもそうだった。4、5年間まるで当たらないことがあった。向こうのプロは一生懸命勝負をしている時に理屈を言わない。ヘーゲンなどもそういう傾向がある。こういう例からみてもプリンシプルというのは何時も真っ先に考え、またその上に立って技術の枝葉を研究するという考え方をするのが、すべてのゴルファーにとって正統な行き方である。

（GOLF／目黒書店　1936年1月号より）

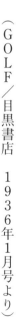

ボビー・ジョーンズそっくり。「天才」六郎のスウィング

❶前傾角度が浅くスタンス幅の広すぎないアドレス。ボディターンで重いクラブを引きやすい体勢である
❷腰のターンにつれて手元、クラブヘッドと動き出す。左脇を締めることでクラブはインサイドに上がっていく
❸ヘッドに勢いが乗り、慣性で腕と左肩が引っ張られるのに合わせて左腕を上げ、ヒールアップしていく
❹ヒールアップし切った時点から、左腰の切り返しでダウンをスタート。クラブは慣性で逆に少し深く入る
❺ヒールダウンとともに左腕で縦にクラブを引き下ろす。ヒッコリーシャフトの過剰なトルクを消せる
❻腰のターンでリードし、リストコックがキープされたままインパクトエリアへ。重いクラブで飛ばす秘訣だ
❼左脚の伸びとともにリリース。上体が開かず、ビハインド・ザ・ボールで力強いインパクトを迎えている
❽伸び伸びとした、バランスの良いフォロースルー。アップライトな振り抜きが方向性の良さを感じさせる
❾このフィニッシュの後、右ひざを地面につけるように沈み込むクセがあり「六のひざ打ち」と呼ばれていた

写真はGOLF／目黒書店1935年10月号より、解説はChoice170号より

「そろばんゴルフ」の極致

赤星六郎

旺盛なファイティングスピリット

今を去る十数年前、ヘーゲン未だ全盛の頃の話である。当時、誰一人ヘーゲンに敵うものがなかったが、このとき忽然《こつぜん》現れた一人のラテン系のプロが「ヘーゲン何物ぞ、我こそはヘーゲンを破って見せんもの」と眉宇《びう》一杯に元気を見せて彼に立ち向かい、ついにヘーゲンを屈服させたのであった。このプロは誰あろう、今度、日本にやって来たサラゼンその人であった。

その頃はオープンチャンピオンといえばアングロサクソン系に限ったものであるが、イタリア人の血をひくサラゼンは、この伝統を初めて破ったのである。まことにこの話はサラゼンの旺盛なファイティングスピリットを物語る、好きなエピソードである。

コンパクトスウィング

ゴルフにはボビー・ジョーンズの型と、サラゼンのような型とある。前者はスウィング型で、そのショットには味があり、見ていて面白味がある、後者はいわゆるコンパクトスウィング型で、ショットの味というよりも、結果をよくしようとするものである。サラゼンは、このコンパクトスウィングをもって日本のゴルファーに彼独特のゴルフの型を見せ、色々な意味で教わるところが多かった。

サラゼンのゴルフは一言にしていえば、「算盤《そろばん》ゴルフ」の極致である。スコアを最もよくするために、専心作り上げた、いわゆる結果専門のゴルフで、その間に味とか、面白みとかを持たない、絶対に「遊びゴルフならざるゴルフ」である。あるいはこれが本当のアメリカ式のゴルフだと言っても差し支えなかろう。

ピンへぶっつけるプレー

サラゼンのプレーを見た人には多分この言葉が了解されたことと思う。彼はなんでも球をピンにぶっつけて行く。風があろうが、グリーンがどうであろうと構わない。闇雲《やみくも》にピンへぶっつけて行く彼のプレーは一種の凄味と気迫《きはく》を感じさせる。それはコースと遊び、ショットを味わう、遊びのゴルフとはおよそかけはなれたものである。この一心にスコアを目指して突き進むサラゼンのプレーは、日本のプロ達も大いに参考とすべき点である。

しかしサラゼンのプレーは決して一日にして出来上がったものではない。そこには並大抵ではない激しい練習があり、常人の及ばぬ努力がひそんでいる。天性や教育によって自然に備わった技術ではなくして、鍛えに鍛えたゴルフであり本当の「職人ゴルフ」である、何時どこへ持って行っても切れ味の変わらぬ業物《わざもの》である。

彼は次のような面白い言葉を吐いていた。

「日本には高麗芝という立派な草があるのに、何故英国の草を取り寄せてやってるんだろう、日本の草で十分じゃないか」

この言葉は、芝や、コースや、天候などどうあろうと、それに少しの影響も受けず、何物にも構わずプレーをし抜いて行く、彼のゴルフを裏書きするもので、いかにもサラゼンらしい言い草であると思った。

無駄のない打ち方

サラゼンのスウィングは小さく、体の動きも少ない。スタンスはピボットをつけなくてもいいようにとり、体の動きを極度に少なくし、無駄のないようにしている。そして右半身を使って打っている。

これがサラゼンの打ち方のアウトラインである。しからば、サラゼンのフォームはゴルファーの誰もが真似をして良いかどうか、というに決してそうではない。かつて日本から7人のプロ選手を米国に送った時、朝霞の合宿練習で小池にサラゼンの打ち方を練習させてみたが、思うように行かなかった。

しかし昔、宮本や安田にサラゼンのインターロックグリップをやらせてみたのは結果が良かったように思っている。それまで宮本はパームグリップをし、80を切れなかったが、インターロックに改めサラゼンに似た打ち方をして、今日の大を成すに至った。

サラゼンの模倣は人によって異なるべきものだ

前の例はサラゼンの打ち方を練習させて成功し、失敗した例であって、彼のフォームを学ぶことも人によって異なるべきを教えたものである。

サラゼンは自分の癖をよく生かして彼自身の打ち方を完成したもので、日本のプレーヤーも、努力して自分に適応した打ち方を作り上げるようにせねばならない。サラゼンと同性質のプレーヤーは彼の打ち方を大いに採り入れて然るべきであろう。しかしサラゼンと異なる性質の人には自ら他の道があるべきである。

低球とバンカーショット

朝霞のエキシビションマッチは観衆が多かったので個々のショットについて十分見ることが出来なかったが、ドライバーやアイアンショットの低いボールは特に目についた。低い球は風に影響されることが少ないから、陳（清水　編集部注）にもオープンの後で低い球を練習するように勧めておいたが、サラゼンの低い球を弾丸のように飛ばすのが印象に強く残った。

アプローチは余りバラエティのあるショットを使わなかったが、どんな場合でもピンにぶっつけて行く、ピッチショットのプレーは驚くべき正確さを持っていた。彼はランニングアプローチだとか、ピッチ・エンド・ランであるとか細かい芸を超越して、常にピンへぶっつけて行く凄味を持っていることを感じさせた。

バンカーショットもうまかった。彼が常に人に語った2年間の猛練習をしたという話は、十分耳に入れておくべきである。

距離のカンの良さ

程ケ谷では一緒にプレーをしたが、ドライバーの距離ではそんなに短いほうではない僕も、アイアンクラブでは彼に2クラブも違うのに驚いた。

程ケ谷の13番のセカンドドンドショットに私はナンバー4を使ったが、同距離で彼はナンバー6を使っていた。しかもそのナンバー6を取り出すに当たり、いきなり「ナンバー6か?」と言い当てた距離のカンのいいのに感心した。彼はティーに立つや否や、そのホールのレングスを言い当てた。初めてのコースで、しかも夕闇のせまった薄暗がりの中でさえ、瞬間に距離を言い当てて、クラブを決めて行く彼のカンのよさは、普通のものには中々真似の出来ないところである。ぼくはサラゼンと丁度5、6ストロークの差、彼をスクラッチとすれば、僕はハンディ7、8位と評価した、それだけ彼は強い。

アマチュアにはまた別のゴルフ境がある

サラゼンは確かに教わるところが多かった。日本のゴルファーに算盤ゴルフの極致を見せ、日本のゴルフに大きな土産を残して行った。

しかし一言注意しておきたいことは、サラゼンのゴルフだけがゴルフの全部ではない、アマチュアにはまた自ら別のゴルフがあるということである。彼は自分よりうまいプレーヤーとして、対蹠《たいせき》的（正反対　編集部注）な立場にあるボビー・ジョーンズとヘーゲンをあげていることは注目すべきだ。

サラゼンの体に近い人はサラゼンの打ち方を採るべし、ボビー・ジョーンズのスウィングに近い人は彼のスウィング・タイプの打ち方を採るべきで、この2つの道のあることは十分認識しておく必要がある。

最後にもう一つ付け加えておきたい。それはサラゼンの結果主義のゴルフとは違った、ショットそのものを楽しむ、ゴルフ本来の境地のあることである。日本のゴルファーには、結果主義のゴルフと、芸術としてのゴルフとの中間に停滞して、そのどちらにも徹底し切れない人が多い。これらの点について彼は極めて大きな示唆を投げたものだと信ずる。（談）

（GOLF／目黒書店　1937年11月号より）

ジーン・サラゼンと六郎（GOLF／
目黒書店　1937年11月号より）

ボディスウィングの研究
ヒッティングのフォームについて

赤星六郎

ゴルフを始めた人で、本当に球を打ってみたいと思わない人はないと思う。何とかして球を打ちたい、遠くへカッ飛ばしてみたいというのが何よりも大きな強い欲望で、そのために懸命の努力をしている。それにはスウィングを良くしなければならない、ヒッティングポジションのことも考えてみなければならない。しかし実際はそれをただ考えるだけであって、どういうところからそうしたポジションに入れば良いか、そのポジションからどうして打つものだろうか、という幻影をはっきりつかまえている人は極めて少ないのではないかと思う。

ヒッティングポジションなくして球は正確に打てるものではない、ヒッティングポジションなくしてステディに、大きな球を打つことはほとんど望めないと言っても良い。

ゴルファーの中には柔道何段、剣道何段という立派な強い腕っ節の持ち主がたくさんあると思うが、怪力巨漢にして小兵にオーバードライブされる原因は実はこの点にあるのである。このヒッティングポジションが出来てこそ力をボールへ伝えることが出来るので、それなくしては力がどんなにあっても球へ伝えるわけには行かない。ゴルファー諸氏はこのフォームについてよく研究されてほしい。

私の見ているところでは無茶に球に向かってヒッパたいている人が多い。これではいくら球を打っても無駄である。私はこのような無駄に球を打っている人に一日も早く正しいヒッティングポジションのフォームをとらえることをおすすめしたい。この形に入ることが球をステディに飛ばす唯一の近路である。と言ってこのフォームに入るためにはもちろん研究とプラクティスなしには出来ない。

ことに中年の人はそうである。しかしステディに遠く球を打つために是非このフォームに入るように努めてほしい。ではヒッティングポジションとはどんなフォームであるか、という方々に。私はここに数個の写真を以てこれを示した（P200　編集部注）。どうしてそういうフォームに入れるかという人に、私は最近ゴルフイラストレーテッドに表れたダニー・ウィリアムスの所説がなかなか面白いと思うので次にこれを抄録してみた。ウィリアムスの言うように、実はこの説明は極めて困難であり、彼の説の中にも一見読者を誤らせ易い記述が所々に見える、うっかりするとすぐ説明が軌道を外れてしまう。私はそういう誤り易い点を省略して、特にゴルファーに必要な点だけを挙げてみた。

文字にとらわれずに、巧いプレーヤーのビジョンをはっきりつかまえてほしい。そして無駄にあせって球をひっぱたくことを止めヒッティングポジションの形に入ってほしいものである。

ダニー・ウィリアムスのヒッティング論抄録

どうしてヒッティングのポジションに入っていくかといえば、右肘を体に近くつけ、そのまま球を打つまで体に近く保って行く。この点がこのフォームの研究に大事な鍵である。どうしてこうならなければいけないかといえば、かくすることによってスウィングはインサイドアウトにスウィングされるからで、それから求むるフライトの方向にフォロースルーするのである。

【スウィングは中断せぬよう】

トップオブスウィングでクラブをポーズ（止める）すれば、スウィングが中断されてしまう。スウィングが中断されればヒッティングになってスウィングにならないのである。トップスウィングでポーズして良いものならば、クラブを地面から上げて打たなくとも、クラブを初めからトップスウィングの位置に上げて打ち下ろしてもヒッティングが出来る訳である。だがスウィングはそういうものではない、トップスウィングでクラブヘッドを止めず、アドレスからクラブを振り上げ、そのままトップで止めず、連続モーションするのがスウィングである。

このことはダウンスウィングのスタートに関して大事な点で、トップスウィングに到れば次にヒップターンのスタートが起こり、そこに連続モーションが行われることになる。さて、かのようにしてダウンスウィングがスタートを起こすのであるが、大事な点は両手で打つことである（右手とか左手とかではない）そしてダウンスウィングの途中を通じて、プレーヤーはクラブヘッドを絶えず自分の手に感じているようでなければならない。

多くのプレーヤーのうちにはシャフトの硬すぎるクラブを使ってプレーされてるのを見かけるが、硬いシャフトでは手の中にクラブヘッドの感じを持つことが出来ない。若い時代には元気があったから、硬いシャフトのクラブでひっぱたいても相当にステディにプレーした人でも、年をとるとそうは行かない。初心者で、前腕やリストが弱いのに硬いシャフトで練習を始めるのは感心しない。かといって力の弱いプレーヤーにホイッピーな（むちのような　編集部注）シャフトが絶対的に良いとも弁護するわけに行かないが、割合にシャフトの軟らかいほうが、球を打つまでクラブヘッドの感じを手に持ってスウィング出来る。

このクラブヘッドの感じを持ったまま、両手を下方に下げるのであるが、この時右肘は、ちょうど右腰の上のところで右サイドを軽くこするようになり、ダウンスウィングの間、腕と手がよく調和して動作をする。

繰り返していう様であるが、トップでクラブがはっきり目に見えるまでに止まってしまうと、その結果ダウンスウィングでガチャンと打ってしまう。これをジャークという言葉で言い表している。

こういうようなゴツゴツしたスウィングは純粋なスウィング、なめらかなスウィングではなくってギクシャクした(lurchとかJabという言葉で表す)スウィングになってしまう。これでは駄目だ。こんな具合では大事なクラブヘッドの感じを失い球をよく打てないから、絶対に良いゴルフというものはこうならないようにせねばならない。

【タイミングということ】

タイミングはゴルフスウィングで非常に大事なもので、ゴルフの秘訣とでもいうべきものである。タイミングとはどんなことか？　それは練習と絶対的な自信から生まれる。タイミングは滑らかな、ギクシャクしないスウィングが自然に結合して、だんだん球に近づくに従ってクラブヘッドのスピードが増し、そして何も他のことを考えずに打った時に、自然的に出て来るものである。

よく言うことだが、うまいゴルファーが当たっていない時にはタイミングがない時である。しかしタイミングというものは何時でも逃げ出したがっている厄介なもので、油断をするとすぐタイミングを失ってしまうが、しかし経験から得た自信を持っている限りはいつまでもタイミングを失うことがないはずである。

手の動作について言えばトップスウィングの手の位置は肩の上でリストがかぶさっていてはいけない。

私は自分の教える生徒には、リストのことを余り考えさせないようにしている。クラブヘッドをすらっと持ち上げ、グリップさえよければ構わないと思っている。

【ストロークの機械論はいけない】

ゴルフの色々なストロークについて、それを機械的に考えすぎるのはよろしくない。言わばスパナを機械の中に投げ込んだ時のようなものでせっかく故障を直そうと思ったのがかえって故障を大きくしてしまうようになる。余り細かいことをやろうとして反対に全部の動きを止めてしまったりする。心得るべきことである。

【ストロークは焦らぬように】

ダウンスウィングで急ぎすぎたり、力を無理に入れたりする人があるが、あれはいけない。スウィングの力というものは、自然に出て来るようでなければいけない。それを急に無理に力を入れようとすると滑らかさがなくなり、スウィングを壊してしまう。もちろんタイミングがなくなり、タイミングがなくなれば力が出ない。どんなに良いスウィングをしても、硬くなって打っては、たまに一つは良い球も出ることがあるかもしれないが、結局は駄目になってしまう。無理に力を入れること、それ自体が既に、スウィングが駄目になった証拠である。

【足、脚、手、腕は？】

右肘が楽に体をはなれぬように動き、腰がこれとよく調子を合わせて動いて行く。もちろんこの間にウェイトが右脚から左脚へと移り左足が地面につき、スタンスをとった時のようにしっかりと地面に立ち、一方右の踵《かかと》が自然に上がって内側の縁で支え、ウェイトが行きすぎないようにガッチリ止める。

スウィングが球に近づくと、体がほとんど飛行線の方向に向き直り、両足が地にフラットにつく。すべてこれらのことが、体、脚、足が手と腕と完全な一致をしてなされなければならない。

【ヘッドアップはすべてを殺してしまう】

最後に頭のことになるが〝Keep your eye on the ball〟ということが昔から金言として言われている。というのはプレーヤーは球を打つ時に中々球を見つめて居らず、すぐ球の飛ぶ方向を見ることがしばしばあるからである。球を見つめよ、ということは言葉を換えて言えば頭を上げてはいけないということだ。頭を上げたら、手も肩も皆上がってあらぬ方向へスウィングしてしまう。

ヘッドアップはすべてのショットを失敗させる。たとえスウィングが間違いなく行われたにしてもだ。ロングショットはもちろん短いショットでも、バンカーの中でも、これはすべてに同様のことが言える。

千万言を費やして、スウィングを直しても、頭を上げては元も子もなくしてしまう。この言葉をもって筆を擱《お》く。

（ＧＯＬＦ／目黒書店　１９３４年３月号より）

写真はダニー・ウィリアムスのアイアンショットがヒッティングポジションに入るところを示す。こういうフォームでなければいけない

写真（左）はダニー・ウィリアムスのインパクト直前を示す、このフォームは非常に良い。左腰を開いている点、右肘が体に近く通る点に特に注意されるように望む。（右）はNo.3を使ったウィリアムスで左サイドの開き方がいっそうはっきり出ている

（GOLF／目黒書店1934年3月号より）

Ⅳ 赤星家 コース設計の真髄

※出典／目黒書店「GOLF」、日本ゴルフドム社「GOLFDOM」の記事より引用。原文の旧漢字、旧仮名使いを直すと同時に、読みやすいように漢字、平仮名の統一を図り、送り仮名等、一部加筆修正してあります。

「常にゲームを向上させるような刺激がなくてはならない」とした四郎。
赤星兄弟が遺したコース設計は、彼らが留学していた20世紀初頭の
米国の設計理論が背景にある。アリソンとの交流で継承したものとは

主な赤星四郎設計・改修・監修コース

函館GC	（北海道／1963年）
霞ヶ関CC東C	（埼玉／1929年）※藤田欽哉らとの共作
別府GC	（大分／1930年）監修
武蔵野CC藤ヶ谷C	（千葉／1929年）※1944年閉鎖
等々力GC玉川C	（東京／1931年）※1942年閉鎖
黒石原GC	（熊本／1931年）※1944年閉鎖
藤澤CC	（神奈川／1930年）※1943年閉鎖
川崎GC	（神奈川／1934年）※閉鎖
仙塩GC浦霞C	（宮城／1935年）
富士屋ホテル仙石GC	（神奈川／1935年）
秩父GC	（埼玉／1938年）※田中善三郎との共作
熱海GC	（静岡／1939年）
箱根CC	（神奈川／1954年）
富士CC	（静岡／1958年）
桜ヶ丘CC	（東京／1960年）
霞ヶ浦国際GC	（茨城／1960年）
伊豆長岡CC	（静岡／1961年）※現・伊豆にらやまCC
東京国際GC	（東京／1961年）
本厚木CC	（神奈川／1962年）
殿原GC	（山梨／1962年）※ショートコース
葉山国際CCエメラルドC	（神奈川／1963年）
芥屋GC	（福岡／1964年）
阿蘇GC	（熊本／1966年）※現・あつまる阿蘇赤水GC
程ヶ谷CC	（神奈川／1967年）
御殿場GC	（静岡／1971年）
上総富士GC	（千葉／1972年）
【台湾・中国のコース】	
台湾GC淡水C	（1935年）
新京G場	（1943年）
青島GC	（1934年）
大連GC	（1939年）
本渓湖GC	（1942年）

主な赤星六郎設計・改修・監修コース

川奈ホテルGC富士C	(静岡/1928年)※アリソンにより全面修正
我孫子GC	(千葉/1930年) ※四郎との共作
相模CC	(神奈川/1931年)
武蔵野CC藤ヶ谷C	(千葉/1929年) ※四郎との共作。1944年閉鎖
藤澤CC	(神奈川/1930年) ※四郎との共作。1943年閉鎖
鷹之台CC	(千葉/1934年)

【中国・朝鮮半島のコース】

京城GC君子里C	(1929年)
釜山GC	(1932年)
新京G場	(1932年)
奉天国際GC東陵C	(1938年)

※順不同。カッコ内は所在地と赤星四郎・六郎が関わった時期を示しています。その後他設計家によって改造・再設計されたコースも含みます。

コース設計者としての一考察

赤星四郎

ゴルフドム6月号に伊藤長蔵氏が程ヶ谷リンクスの10番のコース中に、花壇を造ったことについて「せっかくゴルフ場へ行った以上、あまり手入れされておらぬありのままのコースでプレーしたい、ゴルフコースを庭園化し、庭園の中でやることは邪道ではないか」と評されていた。この考えは一応もっともな考えであるが、程ヶ谷ゴルフコース設計者としての自分の考えを以下少し述べる。

一体、ゴルフコースを設計するに当たり設計技術が長いホール短いホールの配置、あるいはひとつのホールにおけるバンカーの設定だけに止まるものとすればこれらを自然の中に織り込むことは誠に容易な技である。

しかしコース設計者はコースの長短の配置とか、四圍《あたり》の景色が織り出しているその土地特有の景色をコース全体の景色としてその情景をいかにすれば最も美しく表現し得られるか、を究めることが最も肝要なことと思う。そこには設計者の生命ある芸術的観念が表現されねばならぬものである。

人間に美の観賞力があることは天賦の性質、本能だと思う。ちょうど子供たちが美しい花を見れば採りたくなり、また蝶を見れば捕ろうと思う欲求は美に対する原始的な観賞力による本能でもあるが、こうした観賞力も大人になると同一人であっても複雑になる。

そして先天的に芸術的素質を持っている者は、美に対する思想とか感情を、その人の智識と修練によって精錬し美的観念の表現を創作する、この創作を巧くやり遂げるか否かはその人が修得した智識と精神と技術のいかによるものである。

ゴルフコース設計者がコースを造る場合に、もしできることなら梢を通る風の自然の音とか、物の香、あるいは一つ一つの木や草が持つ色、それに大自然が持つ良い線……等々をひとまとめにしたいのも立派な芸術的表現による創作である。コース設計者の欲求の主点いずれもこの点にあるものと思う。すなわち悪い線や香は除去してその土地、地形が持つ良い線や香をより好く生かして、しかも自然を生かすことが最も大切なことではないかと思うのである。

セントアンドリュースのコースにしても最初にコースを創った人達は、あの辺りにおいて一番いい線を持っている場所を選んで創ったものである。そこが海岸であるためそこには砂丘が連続するいい線がある、といって山野に創るコースに海岸コースの特長であるものを採って模倣することは、山野がもつ特有の線とか色とか木間を通す光線とかを殺す怖れが多分にある。シーサイドのセントアンドリュースのコースがゴルフ場として一番古い歴史を持ち、倶楽部がまた立派な権威を持っているかと言って何でも彼でもセントアンドリュースのコースが持つ特長を模倣する必要はないし、また模倣はどこまでも模倣であって創作ではない。勿論言うまでもなく芸術的良心のある者のなすべきものでない。

さて程ヶ谷の10番のホールについての問題であるが、程ヶ谷には程ヶ谷特有のいい所がある。それを生かして造るためには海岸のコースであるセントアンドリュースを模倣していては出来ない。10番のホールを造るに当たって自分は最初、いま花壇になっているティー下の窪地の左から右の梅林を通して溝があったので、その水を溜めて大きな池を造り、池の中に3、4の島を造りたかったのである。ところが倶楽部の予算はそれほどになかった。そこで止むを得ず花を使ってその感じを出そうと思った。すなわち白い花とか、紫紺の花とかによりいかにすれば感じが出るかについて考慮した、だが、結果において自分の思う様な色も出ぬし、また経費の関係もあって構想は失敗している。この点、設計者として誠に汗顔の至りに思っている。

自然が持つ良い線とか環境、また色調を如何にすれば一つ一つのホールにまで織り込んでゆけるかを考えるのが設計者の最も苦心する所である。日本にゴルフコース設計者の少ないことと批評家の少ないことはその技の発達を遅鈍せしむる原因であるとはいえ、ゴルフコースを批評される場合、批評家は、設計者がいかなる気分でその土地の色とか線を現出せんとしているかの苦心を探求し、またコース設定の予算なぞをも一応参考して評されるが至当ではないか、そして一々のホールについて評される場合も、例えばここは程ヶ谷としての気分が出ていないではないか、とか、あるいは花を置くなら如何な花を使ったならいいではないかという様な懇切な評をしてほしいものであると思っている。

また例えば、田舎へ旅したからといって、不味い田舎醤油で煮しめた物を飽きるまで食えというよりは、その土地その土地の特有の物を如何に料理したらもっと美味に食えるかをお互いに研究するよう努め合ったなら発達は一層促進されるのではないかと思う。私はコースを設計している時、ある時はグリーンを一つの図案化することをさえ考えている。何にも窮屈に型にはめ込むことを考えるより自由にもっと芸術的にいいものを創造してもいいと思っているものである。

（GOLFDOM／1936年8月号より）

アリソンの印象

赤星六郎

日本ゴルフ界において待望されていた朝霞コースが今われわれの前に、その完成された姿をもって相見えることとなった。僕はここで設計者アリソンのことについて、特に僕が彼に接して色々話の間に聞き、あるいは感じたその印象について思いついた二、三の事柄をゴルファー諸氏にお伝えしたいと思う。

アリソンは現在はゴルフ、アーキテクトとして立っているが最初彼が学んだところのものは世界普通のビルディング建築学であった。が自身建築に関する色々な仕事をしている間に、そのディテールプランをやることに段々嫌気がさしてきた。細かい建築学上の計算が芸術家肌の気性に合わなかった。それ故に彼は方向を変えて公園の設計を仕事とすることになった。自然と風景との中に彼自身のもつ天分を自由に伸ばすことは彼にとって愉快なものの一つであり、この仕事が長い間彼の商売となっていた。彼はその頃、一方においてゴルフをやっており、腕もかなり上がってスクラッチのプレーヤーとなっていた。たまたまコルト（ハリー・コルト　編集部注）という世界で唯一人の最初のゴルフアーキテクトによって見出されて彼のパートナーとなり二人一緒になって商売を始めたのである。ゴルフアーキテクトとしてはっきり名乗りをあげたのはこの二人が世界で最初であろう。コルトに見出されたことをもって見ても、アリソンの芸術的天分は早くからひらめいていたものと思われる。ゴルフコース設計の骨組みはゴルフを少しやったものには不可能な仕事ではなかろう。しかしそれでは決して立派なコースは出来上がらない。問題はいかにコース全体をまとめあげるか、即ちタッチであり、そこに設計者の風格も芸術もにじみ出るものである。アリソンによって造られた朝霞コースはこの点において外国の一流コースに比して決して劣っておられないと思う。

僕はここで朝霞コースに表れたアリソンの天分について考えてみよう。

ゴルフコースは最初にスコットランドの海岸に生まれたもので、それが今日至るところに見られるようになりシーサイドとインランドのコースは二つの道に分かれるようになった。朝霞コースはインランドのコースとして実に申し分がない、あの平坦な土地にあれだけの変化をつけて造りあげたことはかなり大したことである。新しいクラブハウスの2階から見渡した1番のバンカー、3番のグリーン、9番のグリーン、18番のグリーン、そのアレンジメントのうまさなどはまったく敬服の至りである。

アリソンの芸術的天分を物語る話はかなり多いが、僕がアリソンに頼まれて一緒に京都に日本式の庭園を見に行ったことがある。大谷尊由さんに願ってほうぼうの立派なお庭を見せてもらったが、アリソンはそれを見て日本のアーティフィシアー（人工的なもの　編集部注）に対する理解の深かったことは到底他の外人に見られないものがあった。滞在中ある料亭で食事を共にしたことがあったが、彼はふと話のとぎれた時に、じっと一人で考え沈んでいたが口を開いて「ああ、あの水の流れの音は良いなぁ」と感嘆の声を発した。耳にはせんかんたる流れの音が料亭の静寂にひびいてきているのであった。この清哲の心境、透徹した風格は僕の感情を打たずにはおかなかった。日本食を食べ、日本の着物を羽織る外人は数多いがこの境地に入る人は少ない。彼はそれ程細かいアーキテクトのセンスを持っていたのである。

僕はアリソンを伴って自分の造ったコースを見せに歩いたことがあった。彼はコースの気のついたと思う点に色々のアドバイスを与えて、あのバンカーはどう、大きさはどう、グリーンはどう、スロープはこうしたら良いとか言ってくれたが、その時の彼の熱心さは、まるで有頂天になり、自分をも他人をも忘れているかのよう、夢中になってしまった。それを見ると彼においてまことのアーキテクトを見出したかのような気持ちがした位であった。

アリソンが日本に来て、残して行ったゴルフアーキテクチュアのセンスは非常に大きいものである。その点ことに僕などは感謝している。アリソンのやったようなことは自分でも考えていたものがあったが、それを実行に移す点に到らなかったことが多かった。がアリソンは自らが信じる所を堂々と実行して行ったのである。まことにアリソンにして初めて出来るわざであったであろう。

しかし日本人はアーティフィシアルな点についてはアリソンのまだ持っておらないもっと進んだデリカシーを持っていやしないかと思う。そして将来アリソンの造った朝霞コース以上のすぐれて立派なものが出来なければならない、否出来るであろうと思っている。まだ朝霞コースの今のままでは真に完成したものではないという気持がする。われわれはそうしたデリカシーのもっとよく含まれたものが完成されることを祈っているものである。

（ＧＯＬＦ／目黒書店１９３２年５月号より）

ゴルフ・コースの諸問題
特に廣野リンクスについて

赤星四郎

廣野リンクスはアリソンが推賞した地形の良い所だということは工事中すでに耳にしていたことでもあり、伊藤（長蔵　編集部注）君からも種々アリソンのプランを見せてもらって知っていたので一度は訪ねたいと思っていたが、たまたまジャパンアマチュアの時に高畑室谷君よりオープニングには是非来遊をとすすめられ、折もよし、石井、益田の両君と車を同じして出かけた。

なるほど想像通り地形も良し、起伏も適度で、ことに水を繞《めぐ》らせた風景は、あたかも水郷に遊ぶかのような感じがした。ホール、ホールの変化の面白さも流石《さすが》にアリソンのプランだけに申し分がない。それにニート（素晴らしい　編集部注）なクラブハウスもあり、短時日の間に造ったにもかかわらずフェアウェイ、グリーンのコンディション共に良く、委員諸氏の御骨折もさぞかしと思われ、ひとえにコミッティーの行きとどいた努力の賜物である。

ここに僕はほんの自分一個の狭い範囲から耳にし眼に見たことにすぎないが思うま

まを述べてみたい。

前に述べたようにアリソンのプランは非常に立派であり、グリーンにクリーピングベントを使ったのは良いが、恨《うら》むらくはティーをベントで覆わなかったことだ。ティーというものは球を打ち出すところであるからグリーンを造ると同様な注意をもって良いコンディションにしておくことが大事だ。フェアウェイは高麗芝でも良い。ティーだけは出来る限りグリーンと同一にしておきたい。ショートホールなどは特にこうした注意が要る。一般にティーはグリーンに比較してネグレクトされているが、この点、考慮の余地が充分あるのではないだろうか。

フェアウェイの芝はよくついている。がラフがない。ラフに球を打ち込むとアンプレヤブルとなりリカバリーショットが思う存分出来ず、ついにワンストロークを完全に損しなければならないというようではよくない。だいたい関西のゴルフ場にはラフがないようだ。茨木にしてもそうだ。廣野も折角の良コースを台無しにするおそれがある。見るとラフにほうぼう新しい木を植えているようだが、アンプレヤブルにならぬようもっと整理してほしい。

バンカーの置いてある場所はアリソンのプランだから良いが、バンカーの土堤に灌《かん》木《ぼく》が植えてあるのはどうした訳だろうか。これに球が入ったらバンカーよりも打ちにくくなるだろう。ハーフストロークか、ストロークペナルティー位で済めば良いが、アンプレヤブルになってはお終いだ。その憂《うれ》いはないだろうか。

同時に折角バンカーを造ったが、灌木でバンカーのラインを壊しているようにも思える。僕の見たところでは、あるバンク・オブ・バンカーなどは灌木で見えない所さえあった。ティーに立って全然バンカーが見えないようではバンカーの意味をなさない。この点も考慮の余地がある。

アリソンも、フォアマン・ペングレースも極力われわれに言ったことだが、バンカーの入り口は緩やかに造らねばならない。グリーンに向かったほうは、かなり高くとも球をこれに向かって打つのだから良いが、入口が急ではクラブが振れず、リカバリーショットが出来ないから注意せよということだった。これに反するバンカーがたくさんあったから直されたら良い。

グリーンを高い所に造りその手前がハロー（窪地）になっているホールを5つ6つ見受けた。が、セカンドショットの所から見るとフェアウェイとグリーンとが続いているようでこのハローが見えない。

アリソンはグリーン前のハローの曲線はプレーヤーに見えるようにと考えていたように思うがハローの見えない今のままではハローの意味をなさない。ハローを見せるよう、フェアウェイを切り下げたら、もっと良いホールになるだろう。
2、3の注文はしたが、アリソンのプランと地形に恵まれた廣野リンクスはまったく他に見られない良いコースだ。ただ交通が幾分不便だともいえよう。それも明石から出かけた感じでは思ったほど遠くはない。それなのに色々話によるとメンバーがわずか60～70人位しかないということだが、この良いコースに、これだけのメンバーとはいかにも不審だ。茨木などは非常にメンバーが多いのに、関西一の良いコースがこれでは心細い。オープニングの日に気のついたことだが、茨木の上手いメンバーの顔が見えなかった。outsiderとして見ていかにも不思議だった。それは、いわば兄分の茨木のメンバーが今生まれようとする弟分にインタレストを持たない結果じゃないかと思う。大阪の人には茨木は近くて便利だからという理屈もあろうが、遠いといってもに2、3時間のうちには行ける。もう少し弟分の廣野にインタレストを持ってやったらどうかと思う。ゴルフというものはプレーするだけのものではない。出来るだけコースを造り、プレーヤーをたくさんにし、多くのゴルファーを作り上げるのがゴルファーの努むべきところだ。これから生まれようとするものに対し、大いにヘルプすべきである。

が茨木メンバーが廣野をヘルプしないことにも一応理由があると思う。新しく生まれるものはたとえいかに立派なものでも後輩たり、弟分たるべきである。先輩、兄分に対して礼を厚くし、いかにしたら来やすくなるだろうかを考えねばならない。ウェイティングメンバーの多いクラブならいざ知らず、現にメンバーの少ない廣野クラブなどはヘルプしてもらわなければ一部の人はともかく、メンバーの負担も当然重くなり、クラブを維持する上にも極めて不親切なやり方だ。せっかく良いコースを造ったのであるから、これを更に関西ゴルファーはもちろん、広く日本ゴルファーに利用させたい。それには一切の私情をすて、辭《じ》（ことばの意　編集部注）を低うしてメンバーを求めゴルフ界のために尽くされるよう望みたい。関東のゴルフクラブの例をみてもらえば良い。誰でもイージーに入会出来るような制度をつくってほしい。現在のような少数のメンバーでは、グリーンキーピングの負担だってすこぶる大きい。従来の態度を改めて広くメンバーを求めることは自他共に救う唯一の道ではないかと思う。

（ＧＯＬＦ／目黒書店　１９３２年８月号より）

廣野は素晴しい

理想のゴルフ倶楽部とは？ 国産クラブヘッドの完成

赤星四郎

暮から正月にかけて出かけるはずだったのが病気や何かの故障で延び延びになり、しばらく2月11、12日の連休を利用して関西行脚に旅立った。一行は益田、阿部兄弟、樺山、薩摩、陳、僕の7名。顔ぶれを見ると柔道かフットボールの武者修業とも見えるが、さにあらずゴルフ見学が目的であった。

東京を発ったのが10日夜7時半、翌11日朝7時大阪に着いて早速ながら茨木へ出かけた。当日はコンペティションがあったにもかかわらず、我等多数のビジターのプレーを許可して嫌な顔もせず、非常な歓待を受けたことを茨木のメンバー諸氏、殊《こと》にも木村、成宮、横川氏に御礼を申したい。

翌12日は廣野へ赴いた。廣野は昨年のオープニング以来2度目であるが、世間の言う日本一どころか、東洋いや世界に誇るべき一流ゴルフ倶楽部であると感じた。驚いたことはクラブハウスはもちろん、アリソン設計のコースのフェアウェイは申すに及ばず、ラフでもバンカーでも隅から隅まで非常によく手入れの行き届いている点であった。これは単にグリーンコミッティの力ばかりでなく、全倶楽部員がよく協力し、注意し合ってやっている賜物であろう。廣野は自然の起伏、起伏に沿うバンカー、人工に代わる天然の丘・谷・池水を利用し、風景と自然の持ち味の点では人工のみによって造られた丘や池より遙かにすぐれている。しかもティーに立って見るフェアウェイ、グリーンは各ホール毎にその景色が変わり、プレーヤーに努力、恐怖、歓喜を交々《こもごも》ひき起させることにむしろ驚異した位であった。

昨年オープニング当時と比較してまったく一変したその改善の半面には幾多の感激すべき努力が積まれたのであろう。キャプテン高畑氏はもちろん、メンバー各自の持つ芸術的、美術的タッチが真に雄大な自然とアリソンの設計とをよくハーモニーさせ、コースを完成した点には特に感じ入った。日本でよく言われるアリソンバンカーも、単にアリソン式のコピーでなしにアリソンの意図をよくのみ込み、これを自然美と渾然親和させて立派な芸術品を造り出したことは讃嘆して止まないものである。

これは一《いっ》に全メンバーの協調によったものであって、かかる協調こそゴルフ倶楽部の真の理想なのである。

かつて東京ゴルフ倶楽部は和親、協調の理想とされたが、今廣野にかつての駒澤が再生しつつあるのを感じた。現在メンバーは決して多くはない、しかし全員相互の調和がよく取れ、まるで一家族の様である。旅のゴルファーに過ぎない我々ビジターを遇することの厚かったこと、高畑、室谷、南郷、鋳谷の諸氏が僕を除いていずれも初対面であるが、あたかも百年の知己の如く、温かい、融和な態度で接せられたことは、近頃他に見ない、立派なゴルファーであり、ゴルフ倶楽部であるとの感じを一層強くさせられた。

この融和はいずこから生まれたものだろうか？　それはメンバーの団結力の表れである。廣野のメンバーは少数ではあるが、ことごとく真のゴルファーであり、倶楽部のキープアップに理解と実行を徹底させる人々である。僕の理想とするところは数が親密団結することで、お互いが顔も名も知らない位にメンバーの多い倶楽部より少数でも完全に知り合った倶楽部のほうがキープアップが遙かに理想的になるのである。折角コースを造ったものの、その後のキープアップが不十分のため、常に不完全と不満足とをかこつ例は多数会員をもつ倶楽部に見受けることである。

よく親和し、団結することこそ、ゴルフ倶楽部の理想であらねばならない。少数の倶楽部では早く知己となり親密になって理想を実現しやすい。廣野はこの理想に叶った本当に気持ちのよい倶楽部である。

僕は現に各倶楽部が発行している倶楽部のパンフレットは廃止されるべきものだと考える。何故か？　パンフレットは同一倶楽部でありながら、相互にまったく未知であるメンバー間の和親と出来事を単に机の上で連結伝達するための機関であって、倶楽部ライフの理想と相去る（遠ざかる　編集部注）ことまったく遠いものである。真のクラブライフではすべての物事がパンフレットで連結伝達するものではなくして、ロッジにおいて「口から耳へ」と伝えられて行くようでなければならない。

ことパンフレットという余談にわたったが、僕はゴルファー諸氏にコース良し、メンバーもまた良しという、日本一流のゴルフ倶楽部廣野を訪れることを勧めたい。そこではゴルフ倶楽部の理想も明瞭にのみ込めるであろう。

ゴルフ西遊記がとんだ議論になったかたちである。関西での当たりは一体どうだった？

幸か不幸か関東の連中は余り当たらなかった。どうもコースが良すぎたことと——それはスコアの悪いことの弁解にはならないが——余り歓待を受けたので——この方が真実らしい——十分腕を振るうことが出来なかった。次に出かける時には、本当に良いスコアを出したいとは一行の切なる念願である。

もう一つお土産話を披露しよう。それは国産のアイアンクラブヘッドが出来たことだ。所は廣野に近い播州三木の町である。国産クラブヘッドには現在2種類ある。

一、はパイプ印の型をとったもの

二、は新しいスポルディング製ボビー・ジョーンズモデルのアイアンヘッドである。品質外形共に外国品に何等遜色がない。値段はヘッドだけで3円50銭だ。為替関係の悪い現在、しかもかかる優秀国産が出来たことは大いに喜ばしいことで、東京においてもプロなどにこのクラブを作らしたら、今後ゴルフを始める人にとって非常に良いことだと思う。

（ＧＯＬＦ／目黒書店　１９３３年３月号より）

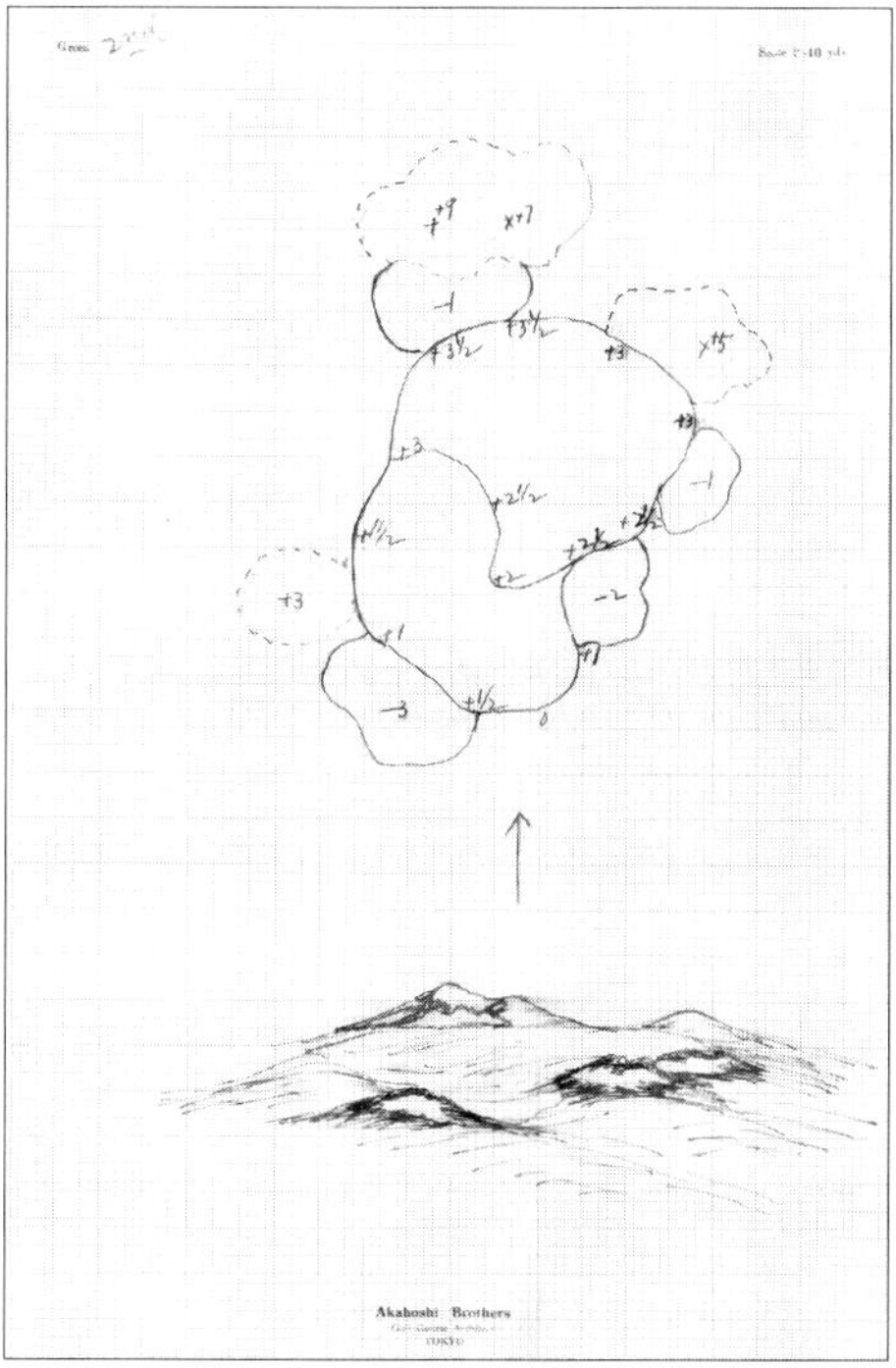

四郎設計の箱根CCの図面

赤星六郎氏の渡英

ゴルフ界の巨星赤星六郎氏はゴルフコース設計の研究、ならびにゴルフ状況観察のため、来る7月9日神戸出帆の箱根丸で海外旅行の途につくことになった。当分は主としてロンドンに滞在、英国のコース研究の上、米国に渡り、米国の新コースを見、ゴルフ界の名士と語り、約一年後に帰朝の予定である。同氏の渡欧は興隆日本ゴルフ界を益することを極めて大きいだろうと各方面から期待されている。

渡英を前に赤星六郎氏抱負を語る

【理想は日本独特のコース建設】

赤星六郎

今度の旅行はコースのレイアウトの研究を主としプレーはやらないつもりである。はじめ英国へ行き、出来ればスコットランド、アイルランドのコースまで広く見たいと思っている。久しぶりでアリソンにも会えるだろうし、アリソンの紹介でレイアウトの権威者とも会い、その意見を叩くつもりだ。英国のコースを見た後米国に渡り、各コースを見て来年の7月頃帰って来る予定である。かつて英、米を廻った時はプレーが主だったのでコースを詳しく見ているひまはなかったが、今度はゆっくり見てきたいと思っている。レイアウトの問題も色々あるだろうが、自分は英国の自然的なコースと米国の科学的なコースとを合わせ日本の地形、風致に合った日本独特のゴルフコースを造り上げることを理想としている。

自分もここ数年間に十指に余るコースを手がけた、そして大体のポイントものみ込むことが出来たので、今眼を新たにして英米のコースを見、向こうのアーキテクチュアに意見をただし、この理想に向かって将来の日本のゴルフコースのレイアウトをしてみたいと考えている。

（ここで話題が一転してバーナード・ダーウィンのゴルフコース問題に移った……）

バーナード・ダーウィンの所論は英国ではかなり重要視されているが、選手権コースのレングスは７１００ヤードを超すようになるだろう、と言っているのは注目すべき意見である。この理論を生み出した原因はゴルフ技術の進歩にもあるだろうが、主にゴルフボールの進歩から来ている。

つい先日、朝霞（東京ＧＣ朝霞Ｃ）でプレーをした時のことである。道具を用意していなかったので借り物で間に合わせたがその時ニューボールを使ってみて驚いた（もう何年もニューボールを使ったことがないのであんなに球が飛ぶとは知らなかった）。

なんでもフォローで３３０〜40ヤード出た、アゲンストでも２８０ヤード位出たのだから我ながら驚いた。ゴルフボールの進歩は飛距離を増し、結局コースのレングスを短縮する結果になったのだろう。すなわち、昔は４３０〜４４０、50ヤードのホールはセカンドショットのホールであったが球の距離が出るので今ではピッチホールに変わってしまった。6番で打つのと、4番、3番、2番で打つのとではピンに寄る率が非常に違って来る。大きなクラブで遠くから打つのはピンを外れ、近くなるほどやさしい。結局それは飛ばすものに有利だということになるだろう。

すでに米国では球の距離を縮めるために球のサイズを大きくしているが、英国では現在日本で使っているのと同じサイズの球である。しかし英国ではやはり、こうした問題に逢着《ほうちゃく》したものと見えて、球の飛距離とコースの問題が今ようやく起こりかけたものらしい。

かつてボビー・ジョーンズがあの難しいサンドウィッチのコースを2度までも60台で廻ったことがこの問題の再燃に大きな拍車をかけたものとも思われる。

ただコースのレングスの問題となり得るのはスクラッチ級のプレーヤーのことであって、アベレージプレーヤーにとっては、もしコースのレングスが7000ヤードを超えるようなことがあったら益々困難することになるだろう。こういう立場から見ると、この問題の解決は相当色々な方面から議論の余地があるだろうと思う。

コースのレイアウトについては、他にあるいはグリーンのアンジュレーションだとか、色々な問題があるだろうが、プレー上から見ればコースのレングスは一番大きい問題かもしれない。ともかく今度の英米旅行でみっちりレイアウトの研究をして来るつもりである。

大谷光明から優勝盾を授与される六郎
（1927年日本オープンゴルフ選手権）

赤星六郎氏に英米のゴルフを聞く会

日本ゴルフの父、巨人、赤星六郎氏は、いかに英米のゴルフコースを見たか
本誌主催の「旅行談を聞く会」は下の如く日本ゴルフ界の権威を網羅し、この問題を
中心に縦横の論談に花を咲かせた。

語る人　赤星六郎氏
問う人　赤星四郎氏、橋本寛一氏、堀籠虎之介氏、井上匡四郎氏、石井光次郎氏
鍋島直泰氏、野村駿吉氏、大谷光明氏、末弘厳太郎氏（ＡＢＣ順）
本誌（ＧＯＬＦ）目黒四郎、小笠原勇八
場所　（１９３７年3月31日於築地、寶屋）

上海でエキシビション・マッチ

小笠原　ではこれから赤星さんに英米の面白い旅行談や最近のコースコンストラクションについての土産話をうかがいたいと存じます。

六郎　ではまず上海から始めよう。何しろゴルフをずっとやっていなかったので上海に着いて引っ張り出され、うかうか行ってエキシビションでもやらされるととんでもないことだと思って、上海の見物もやめ、船から一歩も上がらずに、暑いのに縮こまって我慢していたのは辛かった。ところが三菱の川上君がどうして見付けたか知らないが電話を掛けて来て、出て来てくれと言ってきた。で君と2人ならばゴルフをやるけれども、エキシビションをやらされるのはみっともないから嫌だといってやると、エキシビションでなくてもいいから一寸出てくれ、とたたみかけてくる。運動不足もしているからじゃ廻ろうと言うので出掛けて行ったところが、それは大きな嘘で、行ってみると大勢出て来ている。これには弱ったが行った以上逃げるわけにも行かないので廻り出した。

野村　コースは何處《どこ》？　日本人のコース？

六郎　日本人のコースだ。ジャンワン（江湾）とかいう。ところがゴルフをやっていなかったので空振りをしてしまったもんで皆喜んで居ったよ（笑声）。何しろ船に乗って行って久し振りで打ったのだから打てなかったんだ。エキシビションが済んでから、球を打ってみせた。これなら練習にもなることだからと思ったから、球を沢山置いて色んなショットを打った。アプローチは駄目だったけれども、それで皆安心してくれた。それから今ロンドンにいる松本兼二郎君が上海に居た時分、日本から高麗芝を取り寄せてやったところ非常に良い成績で、今では西洋人のコースでも日本の芝をもらっている。

ジャングルの中から探した草

六郎　香港に行った時も初めは出まいと思ったけれども船に長く乗っていると運動がしたくてしようがないんだ。何とか言うコースだったが。

大谷　ファンリン（粉嶺）じゃないか。

六郎　そうそうファンリンだ。首藤君が行った時に交渉して初めてやるようになった所だ。初め森村さんが行った時には断られた、それで首藤君が怪《け》しからぬと言って大いに交渉し、三井の支店長とか巧い者ならばプレーさせると言うことになったんだ。

野村　シンガポールはどうだった。

六郎　シンガポールも香港と同じように日本人にはやらせなかったんだが、これも首藤君が交渉して一年位から漸くやらせるようになった。そこですがね、グリーンが非常によろしいんで驚いたんだ。非常に柔らかい草で、どうしてあんなによいのかと思って相手の西洋人に聞いたところが、自分はグリーンコミッティでないからよく知らんけれども、クラブのメンバーに非常に熱心な篤志家《とくしか》がいて、ジャングル（南洋特有の悪獣《あくじゅう》の住むじめじめした森林）の中から草を探してそれを芝に使ったんだそうだ。ジャングルの中の草だからジメジメして非常にいい草です。クリーピングベント程には密生していないけれども柔らかい草だ。暑いところだかウォーターシステムで水をやっている。

大谷　しかしシャワーが多いところですね。

末弘　日本のベントもどうしてもいけなければ日本の気候に適するように草を研究することだ。

六郎　ジャングルの中から探し出した草を取り寄せてみても面白くないかと思う。

末弘　北緯五十余度以北の草をやっているというところに我々の弱みがありますね。だから此方《こなた》は此方でやるんですね。

六郎　殊にそれを強く感じたのはイギリスの農地試験所に行った時ですね。

コースへ虎が出る

六郎　香港からシンガポールに行った。最近はとても立派なコースがあって相当面白く出来ている。そこで面白い話があった。ある西洋人が14番か何かに行った時に（一昨年だと言うんだが……）バンカーの中に大きな足跡がある。よく見るとタイガーの足跡なんで驚いて逃げ出した。それから大騒ぎが始まってそこから一哩半とか二哩半の所で遂々そのタイガーを殺したそうだ。ジメジメしているところは危険の札が立っていて、アウトバウンドにする必要がないんだ。毒蛇がいるので自然のアウトバウンドになっているのだ。それでキャディも這《は》入れないんだ。

大谷　キャディにはロストライフになる（笑声）。〈中略〉

英国はサンデーロッジを振り出しに

大谷　ロンドン近郊ではどの位のところに行った。

六郎　ロンドン近郊ではいきなり行ったのがサンデーロッジだ。正金（横浜正金銀行編集部注）の松本兼二郎君と一緒だった。それから良いの悪いのも随分廻りました。その中から僕の気に入ったのだけ言いましょう。一番気に入ったのはロンドンの近郊ではサニングデール、バークシャー、ウェントワース、スウィンレーフォレスト、ワープルズドンだ。サニングデール、スウィンレーフォレスト、ワープルズドンの3つがいわゆる本当のイギリス式のインランドコースとして、とても良いと思った。名前はあまり皆さん聞いていないでしょうが、実に驚くばかり良いコースです。有名なのではサンニングデールです。サニングデールでは非常に面白いことがあった。

ドウ・モントモランシーと井上匡四郎氏の古い縁故

六郎　オックスフォード・ケンブリッジのゴルフ選手だった人で作っている、ソサエティのプレジデントのドウ・モントモランシーという62歳で、ハンディキャップ2の人とゴルフをやったんです。ところがお前は井上（側に座っている井上匡四郎氏を指す）という人を知っているかと言うから知っていると答えたら「あの人は少しはゴルフが巧くなったか」というんだ（笑声）。「いや大そう巧くなった」と言ったら「そうか本当か」と言ってびっくりしていた。「今じゃハンディキャップ14か15になっている」と言ったら「イギリスで一緒にやった時には、力があるということだけは認めたけれども、ゴルファーということは認めにくかった」と言っていた（笑声）

橋本　井上さん、それは何時頃の話ですか。

井上　それはね、僕が駒澤でやっていた時分だ。駒澤の何とかいうイギリス人が、君がイギリスに行くなら俺はいいゴルファーを知っているから紹介しようと言って、紹介状を持っているなら、持って来て見ろと言うので、その次に行った時にクラブに出して、こういう人はここにいるかと言ったら、その人なら非常に良いプレーヤーですが、もう帰ってしまったという。それじゃ置いて行こうと言って名刺を附けて置いて行った。すると直ぐ返事をよこして、自分はゴルフをやりにサニングデールへ行くから何時々々来てくれと言うので出かけて行った。

六郎　ハンディキャップ・ツウ（2編集部注）ということを知らずにね（笑声）。

井上　なにも巧くも何でもないんだぜ。飛びもしないし、何でもないけれども、とにかくパーで廻るんだ。

六郎　それはそうだろう。その人は、イギリス中でゴルフをやっている年寄りの中で最も好かれている人だ。いやしくもゴルフをやるイギリス人で、ミスターモンティを知らない人は絶無と言ってよろしいです。

井上　だが、未だやっているかね。

六郎　一昨年は、イングリッシュアマチュアチャンピオンに出てクオリファイしているよ。未だあの齢でチャンピオンに出ているんですからね。

井上　人は良い人だったね。

六郎　実にあの位良い人はない……。

顔の利いたＪＧＡの紹介状

石井　イギリス中の旅行の話をしてくれ。

六郎　もう一つ話したいことはＪＧＡからの紹介状をもらって行って、ゴルフのコースを研究に来たということを証明してもらい、それからイングリッシュゴルフユニオンの紹介状ももらい、2つを持ちながら、コースを廻った。すると日本にもこういうものが出来たかと言って非常に喜んでくれて出来るだけの便宜を図りたいからと言うんだ。イギリス中全部のコースを紹介状を持って歩いたが、ほうぼうのクラブで実に丁重に取り扱ってくれた。あるところではクラブのお客さんにして、グリーンフィーも取らなかった。JGAも相当偉いもんだと思って感心しましたね（笑声）。大抵のコースでは日本にこういうものが出来たかと言って驚いていた。そういうところでは、日本にはいくつコースがあってどういうコースがあるということを盛んに説明して歩いた。

最近の傾向はシーサイドをインランドに取り入れること

記者　英国のコースの最近の傾向といったようなものは。

六郎　ロンドン辺りのインランドコースで、30年から20年位前に出来たコースには面白いのがたくさんある。この頃の傾向というのは、もっとインランドにシーサイドコースを移すというような形になって居ります。そういうコースで非常にいいのはバークシャー、アディントンの新コース、サニングデールの新コースだ。

大谷　イギリスのコースでアメリカのコースの影響を受けているというのがどこかに

ありませんか、新しくこの頃出来るのに。

六郎　アメリカの影響を受けたのはほとんどないでしょう。あべこべにアメリカの方がだんだんイギリスの昔のコースの良いところを理解して来たというのが本当だろうと思う。またイギリスはイギリスで、昔はゴルフのうまい者が個人勝手にコースを造っていたが最近のアーキテクト達はイギリス中にある非常にポピュラーなホールを分解してどうしてこれがこんなにポピュラーなんだろうという点をつきとめ、それを捉えようとしているんですね。ですから新しく出来たコースには却々《かえすがえす》理詰めで面白いコースがたくさんあります。

野村　シーサイドコースをインランドに持って来たということを具体的に言うと……。

六郎　シーサイドというのを御存じないと説明が非常に難しい。スコットランドにあるシーサイドコースは日本ではとても夢にも思われないものです。まるでコースそのものの根本、地形が違う。いわゆるリンクスというところの、風で吹き付けられたりして、天然に出来ている砂山を縫いながらコースが出来ている。これがシーサイドコースのオリジンでそれからだんだんインランドに移って来た。初めは非常に幼稚だった。昔の駒澤などにあったクロスバンカーや屏風のようなバンカー。あれがインランドコースの初めなんです。

野村　最近は……。

六郎　最近は前に言ったように、シーサイドリンクスを取り入れたものと、初めからインランドに造ったコースの2通りになっている。これはどちらもいいところがあるんだ。そしてそれはそのコースの地形によって分かれてくる。たとえば森のあるような土地にはシーサイドリンクスを取り入れることは出来ない。やはり、初めからインランドコースとするより外はない。反対に開いた地形のところには森のある土地のようなコースは造れない。自然シーサイドリンクスを取り入れることになる。だからレイアウトと土地の選定ということが非常に重要な問題となってくるのだ。

記者　その2つの例は……。

六郎　シーサイドリンクスを取り入れたのはサニングデール新コース、バークシャー、アディントンの新コース。インランドコースはサニングデールの旧コース、スウィンレーフォレスト、ワープルズドン、ウェントワースだ。

バンカーのないオーガスタコース

野村　結局コースの中にどういうものがあるだろう。

六郎　アメリカでの良い例としてはボビー・ジョーンズの造ったオーガスタのコースにはバンカーがない。ローリングアンジュレーション、マウンドだけで出来ている。そのマウンドはどこから出たかというとシーサイドにある砂の形です。それがシーサイドですと、自然と人工とうまく合わせて面白い独特の物が出来ている。それをインランドに移そうとしている。オーガスタコースはシーサイドをかなり大胆に取り入れ、シーサイドの気分を出来るだけ出している。

末弘　僕等のようなまずい者にはバンカーのないああいうコースを造ってほしいね（笑声）。

六郎　シーサイドコースのバンカーは、上に生えているフェスキューを取ると下が砂だから直ぐ出来る。フェスキューの剥げ具合は非常に自然である。バンカーは放って置くと崩れてだんだん大きくなってしまうので、崩れないように芝の根や板で止めている。

無理なバンカーを造らぬ

野村　朝霞みたいなところはない訳だね。

六郎　無理にバンカーを深くしたりなんかしない、自然に委せる。だから所によっては深いところもあり、浅いところもある。それだから浅いバンカーはそのまま打てるし、深いバンカーはニブリック（現代の9番アイアンに相当　編集部注）を使うというように変化がついている。見ていない人にはあまり大きくて掴みどころがない、一寸説明が出来ない。インランドコースとはまったく違ったもんだ。

末弘　日本でシーサイドコースを造るとしたら、太平洋横断飛行の出発点である淋代《さびしろ》（青森県）の辺りの海岸だね。

四郎　北海道の室蘭。

大谷　室蘭のシーサイドコースはスコットランドのシーサイドコースとはまた違う、室蘭のクリフ（断崖　編集部注）はあまりに大き過ぎる。

ホイレーク、フォンビー、セントアンドリュース、カーヌスティ、ミュアフィールドのコース

六郎　大体においてインランドコースを見てから、シーサイドコースが見たいというのが念願でしたからぼつぼつ出掛けて行ったんです。一人切りで。第一に見たのがリバプールの脇のホイレークだ。これは何と言ってよいか、ああいう有名なコースは批評を止めましょう。いわゆる古いコースです。昔に出来たコースです。この頃出来たコースには、フォンビーというのがある。これは非常に面白いコースです。それから帰って来てセントアンドリュース、それからカーヌスティ。これは非常に期待を持って出掛けて行ったが、その期待を裏切られて帰って来た。それから後でミュアフィールドに行った。このコースは古いコースだが、45年前からコースの改造をやり、今ではモダンなシーサイドコースとしてスコットランド一だと思う。その場所といい、クラブハウスといい、クラブハウスで出すランチといい、素晴らしく贅沢なものだ。その脇にガランというムニシパル（公営　編集部注）コースがあるが、これもいいコースだ。

四郎　サンドウィッチはどうだった。

六郎　……それはあとで言おう。

シーサイドコースとシーサイドリンクスとは違う

堀籠　我々は海岸の附近にあればなんでもシーサイドコースだという風に一般的に見て居りますが。

六郎　シーサイドという意味を普通にいえばもちろんそうです。だがゴルフコースはシーサイドになくともあればシーサイドコースだと言える。それはコンストラクションの具合でシーサイドコースだと、こう言うのです。

シーサイドにあると、シーサイドにないとにかかわらず、ただコンストラクションのタイプによって分かれるわけだ。

堀籠　普通の人は川奈のシーサイドコースはいいということを言っている人がいますね。

四郎　シーサイドコースではあるが、リンクスじゃないんだ。

堀籠　今関東の附近でシーサイドコースというものをこれから拵《こしら》える必要がありますか、貴方の考えで。

六郎　僕の考えでは造りたいとは思いますけれども、本当の英国式のシーサイドコースというのには一寸、場所と草（フェスキュー）がないです。

見渡す限り砂のデューン

六郎　シーサイドコースですが、イギリスのシーサイドをご覧にならないと一寸その感じが分からないんだ。リンクスのあるところは砂のデューン（小山　編集部注）が何哩《マイル》も何十哩も続いている。

四郎　木が1本もないんだね。

六郎　その中にゴルフコースがちらちらと出来ている、全体の気分から言ってのシーサイドコースです。だがそのままではインランドに持って来ても意味をなさないです。

末広　そういうところは日本海岸にある。それから樺太、北海道の天塩辺りにある。

六郎　シーサイドにトルーンとプレストウィックの2つのコースが並んである。プレストウィックは歴史的にはトルーンよりも有名だが、コンストラクションからいえば僕はトルーンの方が好きだった。

プレストウィック位褒められているコースもなかったけれども僕は好かなかった。

アリソンを捉えてこういうことを言うのはよくないかもしれないけども、一度プレストウィックを見て、好かないといったら、お前はゴルフコースを見るのがうまくなった、あれは見る必要がないから止めろと言われた。

アリソンのサジェストしたコース

大谷　アリソンがサジェスト（推奨　編集部注）したコースはどこですか。

六郎　褒めたコースを言いましょう。シーサイドとしてはミュアフィールド、セントアンドリュースの新コース、サンドウィッチ（プリンセスとロイヤルセントジョージズ）の2つ、インランドとしてはサニングデール、スウィンレーフォレスト、ウェントワース。それからル・バーナム・オン・シーです。バーナム・オン・シーはアリソンの故郷のイングランドにある。これは古いコースでアリソンが直して居た。

末広　とうとうウェストワードホーの方へ行かなかった。

六郎　アリソンが、お前が特別にウェストワードホーを見たいなら行ってもよいが、単にゴルフコースを見たいというならば見る価値はないから止めろと言われて止めました。

大谷　あすこは海岸にあるというだけで大した趣味もない。ただシーラッシュというえらい草が生えているけれども。

シーサイド中最良のコースはサンドウィッチ

記者　シーサイドコースとしてはどこがお好きですか。

六郎　シーサイドコース中で一番シーサイドコースらしく、そしてグリーンなども一番立派に大きく出来ているのはサンドウィッチですね。あれ位のシーサイドコースはまたと出来まいと思う位、実によく出来ている。

末広　良いスコアで廻ったんですね。

六郎　サンドウィッチはロンドン中の金持ちがふんだんに金を出し費用をほとんど構わず造ったコースで、ロンドンのメンバーと言うよりも、世界中のメンバーが集まっていると言ったほうがよろしいな。どんなに風が吹いている場合でもエブリホール2つ続けて同じ風に遭うということが絶対にない、良く出来ているんで驚いてしまうんですね。非常に風の有名なところですがね。

サンドウィッチを71で廻る

末広　あの時は非常なゲール（強風　編集部注）の日でしたね。

六郎　あの時は一人で出掛けてみた。紹介状を持って行ったら遠来の客だと言って非常に喜んでくれて、それからハンディキャップのうまい者を探したんだけれども、午後だったものだからあまり良いのがいない。結局ハンディキャップ・シックス位の人と廻った。その人が非常に喜んでくれた。僕は割合良く当たった。あすこにはクラブハウスに面白い規則があって、「一年に2日間ずつ一人のお客さんを招待することが出来る」となっている。それで僕は2日間その人のお客さんとしてプレーした。グリーンフィーもただ、キャディフィーだけだ。その翌日顔見知りになっていたハンディ3のドクターがひょっこりやって来て、ゴルフをやろうと言われて、一緒に廻り始めたんだ。ところが、案外とてもうまく行って、初めの9ホールを何でも33位で廻り、インはアウトバンドがあって38位になってしまった。良いスコアというよりも自分の思った通りの球が出た。そのために尚コースが好きになったのかもしれない。シーサイドコースは凸凹が多く何時も大抵平坦でないライで球を打つので、難しい。それに強い風が吹いているので尚更打ちにくい。

ゲールの中で何ヤード飛ばしたか

大谷　六さんが、そんなゲールに向かって打ってどの位出ます。200ヤードやっと位ですか。

六郎　アゲンストで非常によく当たって、低い球を出して180ヤードから200ヤード位、それが自分がこれよりも風の中で打てないと思う球を打って……。

大谷　その風を逆に後ろから背負って行ったら300ヤード超すでしょう。

六郎　僕が行った時には下が軟かくなっていたからそれほどは出なかった。英国のコースは自然に委せてあるから夏はグラウンドは硬くなり、秋は、雨が降ったりしてじめじめし、軟かくなって球が遅くなるんだ。だから夏なら300超しますね。冬だと250から280しか出ないでしょう。

グリーンフィーはどの位か

野村　英国のゴルフコースのフィーは高いですか。

六郎　高いです。普通のゴルフクラブすなわち二流の所は2シリング6ペンスから3シリング、一流は5シリング、日曜ですと1ポンド。

末広　しかし、その代わり六さんと一緒に行ったせいかしれないけれども、何処へ行っても実に気持良くやらせてくれましたね。面白い話だけれども、ロンドンに行っている連中が、六郎さんと行って、自分等は不断キャディに馬鹿にされていることが分かったということを言った人がありますが、キャディは大人なもんでプレーヤーの拙いうまいが分かるんです。六さんと一緒に行けばキャディはお客に対してやることをちゃんとやっているんでそれが分かるんですね（笑声）。

六郎　英国では旅行者には親切なんだ。

四郎　だけど僕なんか英国に行った時には、非常に拙かったけれども、何処でもやらせてくれたね。
末広　やらせてくれるのはやらせてくれますが……
井上　日本の朝霞へ知らない人が来てもやらせやしない。
四郎　アメリカにもそれがあるんですね。

コルトよりも評判のよいアリソン

大谷　アリソンは達者ですか。
六郎　アリソンは非常に達者です。僕が着いた時にはロンドンからウェールズに行っていた。
大谷　やはり評判が良いですか。
六郎　良いですね。アリソンはコルト、ジョン・モリソンと3人でやっている。コルトは英国では最も古いアーキテクトの一人で、英国のアーキテクチャーを作った人であり権威もあるが、アリソンのほうはコルトに比べると新しいです。50を越しているがいわゆる新人なんです。
井上　コルトと言うのはお爺さんだろう。
六郎　もう70を超していましょう。

四郎　アメリカのマッケンジーというのはどうだった。

六郎　マッケンジーは非常に巧いと僕は思いました。あの人はスコットランド人だ。この頃のアーキテクチャーは自然のシーサイドに人工を加えてやっている。アリソンの直してるバーナムコースもそうだ。バーナムに行った時は非常に面白かった。一週間ばかりいたが、アリソンが自分の直すのを見せてやるからと言うので一緒に付いて行った。すると実に親切で、ここはこういう風になっていたからこういう風に直した。それから、ここはこういう風に直すんだが君どう思う、などと言って、僕の意見を聞いたり、教えたりして非常に面白かったです。〈中略〉

アメリカのコースと英国のコースはどう違うか

六郎　イギリスのコースを見た眼でアメリカへ行って第一に感じたことは、アメリカではアーキテクトは余りにプレーヤーを自分の考え通りにプレーさせようとし過ぎることだ。余りに厳重で、息が詰まるような、締め付けるような感じで、アーキテクトの考えた以外のプレーをさせないようにしている。ということは一つはゴルフが若いからだ。イギリスではプレーヤーは自分のプレーをどうにでもつくってやって行ける。一番良い道はここにあるんだぞ、その道を外れるとお前は損するんだぞ、というコースの造り方ですが、アメリカでは、こう打て、こうしなければ駄目だ、というようなコースの造り方です。何処を歩いてもそういう感じがします。サイプレスポイントなどはアメリカ式の非常にいい例です。地形は世界一といわれる位非常に喫驚《きっきょう》する程良いけれども自由が利かない。言葉を換えて言うと、必ず同じ所に打たなければならない。一つのホールの良いところはただ一つしか無いからだ。

石井　その一つが狙われるようになればよろしい（笑声）。

日本のコースコンストラクションはどの道を進んだらよいか

堀籠　今の日本のコースはアメリカ式のコースですね。

六郎　僕はアメリカ式のコースが良いと思ってやったのですが、もちろん良いですが、もっとそれよりも柔らかい気持ちでプレーしたら良いのではないか、という気持ちを今度持って来ました。

野村　大体において、日本のコースはアメリカの普通のコースよりも難しいですね。

六郎　難しいですね。僕等がやったコースはアメリカの一流のコースです。ほとんどどのコースを見てもはっきりとそう言えるのです。新調パブリックコースにはこれだけの難しさはどこでも持っていない。しかし現在の日本のゴルフコースはプライベートコースといいながらメンバーが多くなったのでアメリカのパブリックコースに非常に近付いてしまった。アメリカのプライベートコースは少ないところで50人位、多くても200人位でコースも非常に良く、また難しいが、メンバーを500人から1000人も持っているコースであったなら、あんなに難しくするのは間違いだと思っている。日本のコースもっとパブリック式に造らなければ嘘だと思う。チャンピオンコースだけを求めるのはいけない。

四郎　だけど、日本では誰でも言うのはチャンピオンコースを造ってくれ、難しく造ってくれと言うんだ……。レイアウトはなんでも一流でなくちゃ承知しないんだ（笑声）。

六郎　米国ではパブリックコースが3つも4つもある所では、一番混むのは一番難しいコースだ。皆そこへ行ってやりたいのは人情でやむを得ないが、しかし一番便利なコースはやさしいコースでなくちゃならない。

四郎　僕などが造っていて非常につらいのは、そう言うのを造ったら「なんだこんなのが」、と必ずこう来る。日本人はハンディキャップ・トゥウェンティ位でも一人前のことを言うからね。

バンカーをなくしてマウンドで難しさを出す

六郎　それを僕はもっと突っ込んで考えてみると、バンカーをなくしてもマウンドや、何かの地形を拵《こしら》えてバンカーの難しさを出すことが出来ると思って来た。それのよろしい例は完全としたものとは決して言えないけれども、ボビー・ジョーンズとマッケンジーと一緒になって造ったオーガスタナショナルGCだ。この頃はアメリカでも初めてそれに気が付いて、ボビー・ジョーンズ程のプレーヤーだから気が付いたと思うが、どうも今までのコースではいやだ、と言うので新しく造ったんだ。出来上がったコースはほとんどスコットランドのコツビイ（原文ママ）に似たものである。しかしこれは今後のアメリカの進む道ではないか、と思った。こういうバンカーを少なくしたコースはもう少し研究して行かなければならぬのではないかと思う。

アンジュレーションで難しくしたコースのプレーはどうなるか

野村　それを具体的に言うと。

六郎　具体的に言うと、バンカーがなくて、アンジュレーションだけのコースだとプレーヤーが自分勝手にプレーが出来る。フェアウェイの右でも左でも打てる。しかしある方向に行ったものはセカンドショットが非常にやり易くなるが、反対に別の方向に行くと特別のいいショットをやらなければならなくなって来る。すなわち球の方向によって、難しさが違って来る。これはアーキテクトの手腕で、またそれを見付けるのはプレーヤーの腕です（笑声）。何処へ打ったらよろしいかを自分のプレーを土台に置いて判断をする。今までのバンカーの多いコースは一つ間違ってバンカーへ入れるといくつも叩いてリカバリーが出来ないが、マウンドを造ったコースは、第2打でいいショットをすればとり返せる、パーが出る。いわば正しい方向に打ってもパーは出にくいが、第2打の打ちにくいところへ打っても7や8を叩かない、というのがバンカーの少なくしたコースの特色である。だから腕によって、これは彼方に打ちたい、あれはこちらに打ちたい、ということが出来るんだから面白いと思う。

四郎 そんなコースを造るには金が掛かるだろうと思う。

六郎 グリーンを造るのに相当金と頭がいると思うんだ。

堀籠 こういうようにやるとグリーンの面積はかなり取るでしょう。

六郎 グリーンは非常に広くなる。

記者 バンカーのないコースのプレーはどうでしょう。

六郎 アンジュレーションがあるからバンカーのあるのと同じように難しいんだ。そういうコースで、相手がトップをしたら転がってピンに寄ったがあれは怪しからんなどというのは間違いだ。ランナップを習えばいいんだ。何もトップ球の悪球を出してピンに寄ったということをいやしめて、どこまでもピッチショットをせねばいかんというようなことは間違いなんだ。アンジュレーションがあってもショットを研究すれば興味が多い。僕は今のバンカーのないコースは完全だとは言わない。バンカーのあるコースのタイプ、アンジュレーションを主にしたコースは、そういう一つの型として存在すると思う。どちらがどうとも言えない。ただバンカーを少なくしてアンジュレーションを主にするという方向に進んでいることは事実である。

大谷　井上さん、うまく行った時ならばパーで行く、悪く行ってもパーにワンかツーオーバー、……そのほうが僕は本当だろうと思う。

野村　打つほうは気が楽だろうね。

大谷　気が楽だ、それが本当のゴルフだろうと思う。必ずボールが入る仕掛けのバンカーでもハーフトップすればバンカーから出ることがあるんだからね。

現在のコースには2つの型がある

堀籠　今のグリーンの廻りを、ガッチリとバンカーで押さえているというコースは余りないですか。

六郎　たくさんあります。先程写真を御覧になった、サイプレス、これ程上手に美しく出来上がっているコースは僕は見たことがない。これがいわゆるアメリカ式の極致だと思う程、実に立派なものです。芸術的ですね。

堀籠　六さんの話によるとオーガスタのコースにはバンカーが18ホールに16しかないと言うが、バンカーがないコースがよろしいのか、あるコースが良いのか混同してしまいますね。

六郎　その疑問は、当然だと思う。しかし判る筈はない。

大谷　それはここでの話だからね、誤解する人は勝手で仕方ないじゃないか。

六郎　素人の人はティーとグリーンさえ造れば誰でもコースが出来るものだと思うけれども、良いコースを造るということになると違ってくる。一番最初に地形の選定が大事だ。アンジュレーションをあんばい良く取り入れて造ることが最も難しい。この感じを持っていない者には僕は出来ないと言っても良いと思う。それから先のバンカーとかグリーンの整理とかいうものは、ある程度経験さえ積めば出来て来る。が、初めのレイアウトが実に難しいです。本当のコースの綺麗さとか、良さというものはそこで出来上がってしまうのです。

大谷　パインバレーに参りましたか。

六郎　パインバレーはよく知り過ぎてますから今度は参りませんでした。しかしバンカーを多くしたコースにもその良さは十二分にあるが、僕に言わせるとバンカーはそれだけショットが難しいのではないかと思う。バンカーショットは難しいと知りながら下手な人程バンカーにたくさん入る。入るくせにバンカーショットの練習をしないのはどういうわけだろうか。もう少しバンカーショットを練習すれば、バンカーショットはもっとやさしい、もっとよく出来なければならぬですね。

日本のコースコンストラクション

六郎　それからこういうことを言いたいんだ。僕はイギリス、アメリカを通じてゴルフコースの数はどの位あるか知らないが、その中で良いコースというものは非常に数が少ないです。その良いコースのバックには多数のゴルフコース、多年の歴史というものがある。それに比べるならば日本のコースは数も少ないし歴史も浅い。しかし、現在ある日本の少数のコースはチャンピオンシップコースとして、英米のコースに十分匹敵するものがあることは我々の大いに誇りとするところである。日本のゴルフコースはまだまだ進歩をするだろうと思う、僕はアーティスティックセンスにおいては西洋人に負けまいと努力をして行くつもりだ。そして色々な経験を積み、歴史を重ねて行ったなら日本のゴルフコースはもっともっと進歩をするだろう。

野村　日本もコースは変わるね。

六郎　僕は変わらなければならないと思っている。当然変わりますね。世界中も変わって行っているんだ。

小笠原　ではこの辺で。どうも有難う御座いました！

（ＧＯＬＦ／目黒書店　１９３７年５、６月号より）

四郎・六郎が支えた日本ゴルフ黎明期年表

	四郎・六郎にまつわる出来事	四郎・六郎が関わった主な設計	ゴルフ界
1895年	四郎誕生		第1回全米オープン
1898年	六郎誕生		
1901年	長兄・鉄馬渡米、ローレンスビルハイスクールを経てペンシルベニア大学留学		神戸GC4ホール開場
1902年	四郎麻布小学校入学		ボビー・ジョーンズ誕生
1904年	父・赤星弥之助　急逝（享年51歳）		横屋ゴルフアソシエーション創設
1911年	喜介渡米、ハイスクールを経てプリンストン大学・アメフト選手として活躍		
1913年	四郎麻布中学卒業・渡米。ローレンスビルハイスクールを経てペンシルベニア大学・アメフト選手として活躍		日本のパブリック第1号 雲仙G場開場
1917年	六郎渡米、ローレンスビルハイスクールを経てプリンストン大学・ゴルフ部で活躍		初の民営パブリック仙石GC開場
1921年	四郎帰国後、1年間の兵役（陸軍騎兵少尉）		ボールの直径を41・15㎜以上と規定
1923年	四郎スタンダード石油入社、瑞子と結婚		ボビー・ジョーンズ全米オープン優勝
1924年	六郎パインハーストスプリングミーティングトーナメントで優勝、メトロポリタンアマチュアゴルフ選手権優勝		日本ゴルフ連盟発足（7倶楽部）
1925年	六郎プリンストン大学卒業後、帰国。東京GC選手権優勝		茨木CC開場
1926年	四郎全日本アマチュアゴルフ選手権で優勝 六郎2位、東京GC選手権2連覇		関西ゴルフ連盟発足。第1回日本プロ、関西オープン、関西プロ開催
1927年	六郎第1回日本オープンゴルフ選手権優勝、四郎4位		第1回日本オープン開催
1928年	四郎日本アマ2度目の優勝、日本オープン3位 六郎川奈（富士コース）レイアウト設計（後にアリソンが全面改修）		川奈ホテルGC大島C開場
1929年	六郎第3回日本オープン4位、ローアマ	霞ヶ関CC東C（四郎／藤田欣也と共作）、京城GC君子里C（六郎）、武蔵野CC藤ケ谷C（四郎・六郎）	
1930年	六郎日本アマチュア選手権優勝、第4回日本オープン5位・ローアマ、公式競技から引退、後進の指導に専念。四郎・六郎兄弟来日中の米国トッププロとのエキシビションに勝利。我孫子GC開場式に朝香宮殿下来場	別府GC（四郎監修）、我孫子GC（六郎）、藤澤CC（四郎・六郎）	アリソン来日、朝霞C設計。ボビー・ジョーンズグランドスラム達成
1931年	四郎関東職業ゴルファーズ協会を設立。四郎・六郎アリソンと意見交換。ゴルフ雑誌「GOLF」の創刊号の顧問となり1939年11月号まで寄稿を続ける	相模CC（六郎）、等々力GC玉川C（四郎）	関東プロ選手権創始
1932年		釜山GC、新京G場（六郎）	宮本留吉全米・全英オープン出場
1934年	六郎英国のコース視察	川崎GC、青島GC（四郎）	ベーブ・ルース来日、赤星兄弟とプレー

1935年	六郎日米対抗出場、プロのコーチに就任。四郎関東学生ゴルフ連盟創設	仙塩GC浦霞C、富士屋ホテル仙石GC、台湾GC淡水C(四郎)	日米対抗戦出場の6名が渡米
1936年	六郎コース設計研究のため渡英		陳清水、戸田藤一郎マスターズ出場
1937年	六郎英・米のゴルフコース視察から帰国		ジーン・サラゼン来日
1938年		秩父GC(四郎/田中善三郎と共作)、奉天国際GC東陵C(六郎)	関東アマチュア選手権創始、クラブ14本に制限
1939年		熱海GC、大連GC(四郎)	戸田藤一郎4大タイトル制覇
1941年	六郎神奈川県二宮町に移住、農業、釣りの生活		戦争によりゴルフへの風当たりが強くなる
1942年		本渓湖GC(四郎)	日本ゴルフ協会解散を決議
1943年	四郎設計の藤澤CCは陸軍が接収		マスターズ1945年まで中止
1944年	六郎釣り針の傷による敗血症で急逝、享年46歳。四郎満州に渡る		
1946年	四郎満州から引き揚げ後白石基礎工事に勤める		第1回全米女子オープン開催
1950年	赤星設計事務所を設立		JGA復活
1954年		箱根CC(四郎)	カナダカップ日本初出場
1958年	四郎日本で初めてのゴルフレッスン書「ゴルフ球の打ち方」を出版	富士CC(四郎)	
1960年	四郎にコース設計の話が続々と持ち込まれる	桜ヶ丘CC、霞ヶ浦国際GC(四郎)	
1961年		伊豆にら山CC、東京国際GC(四郎)	
1962年		本厚木CC、殿原GC(四郎)	第3回世界アマ日本開催(川奈)
1963年		函館GC、葉山国際CC(四郎)	
1964年		芥屋GC(四郎)	日本パブリックゴルフ協会設立
1966年		阿蘇GC(四郎)	
1967年		程ヶ谷CC(四郎)	
1969年	四郎脳軟化症で入院		
1971年	四郎自宅で逝去、享年76歳	御殿場GC、上総富士(四郎)	JGA主催第1回日本女子オープン開催

Choice選書

赤星家のゴルフDNA

2023年7月14日　初版発行

著　者　隅田光子
発行者　木村玄一
発行所　ゴルフダイジェスト社
〒105-8670東京都港区新橋6-18-5
TEL 03-3432-4411（代表）03-3431-3060（販売部）
e-mail gbook@golf-digest.co.jp

組　版　スタジオパトリ
印　刷　大日本印刷株式会社

定価はカバーに表記してあります。乱丁、落丁の本がございましたら、
小社販売部までお送りください。送料小社負担でお取り替えいたします。

ISBN978-4-7728-4206-8 C2075